ÜLIMAALNE AMEERIKA JUUSTU KOKARAAMAT

Klassikalistest burgeritest gurmee-grillijuustuni – avastage
Ameerika juustu rikkalik ja 100 maitsvat maailma

Karin Lepik

Autoriõigus materjal ©2023

Kõik õigused kaitstud

Ühtegi selle raamatu osa ei tohi mingil kujul ega vahenditega kasutada ega edastada ilma kirjastaja ja autoriõiguse omaniku nõuetekohase kirjaliku nõusolekuta, välja arvatud ülevaates kasutatud lühikesed tsitaadid. Seda raamatut ei tohiks pidada meditsiiniliste, juriidiliste või muude professionaalsete nõuannete asendajaks.

SISUKORD

SISUKORD 3
SISSEJUHATUS 6
HOMMIKUSÖÖK JA BRUNCH 7
   1. BLT munaküpsetus 8
   2. Küpsetatud munasuflee 10
   3. Kreemjas sink röstsaial 12
   4. Camping Cheesy Devils 14
   5. Hommikusöögiküpsis 16
   6. Muna McMuffin 18
   7. Õhufritüür Hommikusöögipajaroog 20
   8. Sink Collards Quiche 22
   9. Ham 'n' Kartuli pajaroog 24
   10. Maalähedase hommikusöögi pitsa 26
   11. Spargel – Inglise muffiniküpsetus 28
   12. Lion's Mane Singi-juustuomlett 30
   13. Deli Türgi krepp 32
   14. Singi-juustu sarvesaiad 34
   15. Quiche Lorraine 36
   16. Munapuder singiga 38
EELROID, SUPSED JA SUUNAD 40
   17. Praetud mereandidest valmistatud suupisted 41
   18. Peekonisse mähitud juustukoerad 43
   19. Juustutortilla Pinwheels 45
   20. Peekoni juustu popkorn 47
   21. State Fair Fries 49
   22. Peekoni-juustu Weenie röst 51
   23. Ranch Pizza Pinwheels 53
   24. Kalkuni liugurid maguskartuliga 55
   25. Õuna-, singi- ja juustuvõileivad 57
   26. Philly Cheesesteak Nachos 59
   27. Kokteilijuustupallid 61
   28. Hassel tagasi Tomat Clubs 63
   29. Seene- ja sibulapuhv 65
   30. Maapähklivõi Fudge 67
DIPS JA QUESO 69
   31. Pubi juustu dip 70
   32. Tšiili con queso 72
   33. Tex-Mex Chili Con Queso 74
   34. Vürtsikas maisikaste 76
   35. Juustudipp paprikaga 78

36. Juustu- ja õllekaste 80
VÕILEIB, BURGERID JA ÜHENDID 82
37. Grillitud Ameerika juustu ja tomati võileib 83
38. Quick Bagel Omlet Sandwich 85
39. Üle-Ameerika burgerid 87
40. Hommikusöögiburger 90
41. Rämpsposti grilljuustu kangelane 92
42. Provolone Pesto 94
43. Copycat N' Out Burgeris 96
44. Maguskartuli ja muna burritod 98
45. Philly-Style juustu-steik 101
46. Küpsetatud baklažaanivõileivad 103
47. Kalaburgeri filee 105
48. Portobello Itaalia sub-võileib 107
49. Hapukoor, Provolone, Pesto 109
50. Gourmet kuum sink ja juust 111
51. Cubanos 113
52. Lõkke kuumad võileivad 115
PÕHIROOG 117
53. Sizzling Chicken and Cheese 118
54. Kana Fajitas 120
55. Juustune lihaleib 122
56. Grillitud praad sinihallitusjuustuvõiga 124
57. Juustutäidisega kana rinnad 126
58. Juustune brokkoli ja kanapajaroog 128
SALATID JA KÜLGID 130
59. Juustune grillkartul 131
60. Caesari salat Ameerika juustukrutoonidega 133
61. Ameerika juustu ja peekoni kartulisalat 135
62. Grillitud mais Ameerika juustu ja laimiga 137
63. Cobbi salat Ameerika juustuga 139
64. Ameerika juustu ja brokoli salat 141
65. Õuna- ja Ameerika juustusalat 143
PITSA JA PASTA 145
66. Aedbasiiliku pepperoni pitsa 146
67. Pepperoni lasanje 148
68. Queso Mac ja juust 150
69. Maci ja juustu hommikusöögivõileib 152
70. Lillkapsa brokkoli makaronid 154
71. Lillkapsa brokkoli makaronid 156
72. Linguine juustukastmega 158
73. Küpsetatud juustu gnocchi 160

74. Lihtsad kiirpitsad ... 162

SUPID JA KOHTU ... **164**

75. Sulata tuunikala ... 165
76. Kuldne kartulisupp ... 167
77. Köögivilja-nuudlisupp ... 169
78. Juustune lihapallisupp ... 171
79. Talvine köögivilja- ja singiroog ... 173
80. Kalkunikoor Šveitsi mangoldiga ... 175
81. Rueben Chowder ... 177
82. Jalapeno juustusupp ... 179

MAGUSTOOTED JA KÜPSETOOTED ... **181**

83. Nuudli- ja seenesuflee ... 182
84. Juustuhapukoored ... 184
85. Habanero ja Colby Jack Flan ... 186
86. Alpi kartulitort ... 188
87. Ürdijuustutordid ... 190
88. Kolmekordne seenetort ... 192
89. Petersell ja Šveitsi flan ... 194
90. Vorst & Jack Pie ... 196
91. Mehhiko Capirotada ... 198

JOOGID JA KOKTEILID ... **200**

92. Juustuga vodka Martini ... 201
93. Grillitud juust Bloody Mary ... 203
94. Sinihallitusjuust ja peekon Bloody Mary ... 205
95. Juustune kuum šokolaad ... 207
96. Kreemjas Ameerika juustu smuuti ... 209
97. Õuna- ja Cheddari juustu Martini ... 211
98. Juustune greibi Margarita ... 213
99. Cheesy Hot Toddy ... 215
100. Sinihallitusjuustu viski Fizz ... 217

KOKKUVÕTE ... **219**

SISSEJUHATUS

Tere tulemast ÜLIMAALNE AMEERIKA JUUSTU KOKARAAMAT'i Kui teile meeldib juust ja kõik ameerikalikud asjad, siis on see maiuspala. Selles raamatus uurime paljusid maitsvaid viise, kuidas Ameerika juustu toiduvalmistamisel ja küpsetamisel kasutada saab, alates klassikalistest mugavatest toitudest, nagu makaronid ja juust, ja grillitud juustuvõileivad, kuni gurmeeloominguteni, nagu juustu sufleed ja fondüü. Olenemata sellest, kas olete kogenud kokk või köögis algaja, selles raamatus on igaühele midagi.

Sellest raamatust leiate hõlpsasti järgitavaid retsepte, mis aitavad teil Ameerika juustuga hämmastavaid roogasid luua. Anname teile ka näpunäiteid ja nippe juustuga töötamiseks, sealhulgas kuidas seda õigesti sulatada, millised juustutüübid sobivad erinevate roogade jaoks kõige paremini ja kuidas juustu säilitada värskena. Selle raamatu lõpuks olete juustuekspert ja tunnete Ameerika juustu suhtes täiesti uut hinda.

Niisiis, olge valmis sukelduma Ameerika juustu maailma ja asume kokkama!

HOMMIKUSÖÖK JA BRUNCH

1. BLT munaküpsetus

KOOSTISOSAD:
- ¼ tassi majoneesi
- 5 viilu leiba, röstitud
- 4 viilu Ameerika sulatatud juustu
- 12 peekoniriba, keedetud ja murendatud
- 2 spl võid
- 2 spl universaalset jahu
- ¼ teelusikatäit soola
- ⅛ teelusikatäis pipart
- 1 tass 2% piima
- 4 suurt muna
- 1 keskmine tomat, poolitatud ja viilutatud
- ½ tassi hakitud Cheddari juustu
- 2 rohelist sibulat, õhukeselt viilutatud
- Rebitud salat

JUHISED:
a) Kuumuta ahi 325 °-ni. Määri igast röstsaiaviilust üks osa majoneesiga. Lõika röstsai väikesteks tükkideks.
b) Asetage röstsai rasvainega määritud 8-tollisele kandilisele küpsetuspannile, majoneesi pool üleval. Pane iga röstsaia peale peekoni- ja juustuviilud.
c) Sulata väikeses potis või, seejärel sega jahu, pipar ja sool ühtlaseks massiks. Valage piima järk-järgult.
d) Küpseta, kuni segu hakkab keema, seejärel jätkake küpsetamist ja segamist veel 2 minutit või kuni kaste pakseneb. Nirista segu peekonile.
e) Prae keskmisel kuumusel seatud suurel pannil mune, kuni saavutad soovitud küpsuse. Asetage munad peekonile ja pange peale tomativiilud, sibul ja cheddari juust. Küpseta 10 minutit ilma kaaneta.
f) Serveerimisel lõika ruutudeks ja kaunista salatiga.

2. Küpsetatud munasuflee

KOOSTISOSAD:
- 12 viilu saia
- 2 supilusikatäit võid, pehmendatud
- 6 viilu deli sinki
- 6 viilu Ameerika juustu
- 3 tassi piima
- 4 muna, lahtiklopitud
- soola ja pipart maitse järgi

JUHISED:
a) Määri iga leivaviilu üks pool võiga.
b) Asetage 6 viilu võiga pool allpool kergelt võiga määritud 13"x9" küpsetuspannile.
c) Aseta peale sink ja juust. Kata ülejäänud leivaga, võine pool üleval.
d) Vahusta piim ja munad vahuks; vala kõik peale.
e) Puista peale soola ja pipraga.
f) Küpseta kaaneta 350 kraadi juures 50 minutit või kuni kuldpruunini.
g) Enne serveerimist lase 5 minutit seista.

3. Kreemjas sink röstsaial

KOOSTISOSAD:
- 1 tass hakitud täielikult keedetud sinki
- ⅓ tassi hakitud rohelist pipart
- ¼ tassi viilutatud sellerit
- 2 spl võid
- 3 spl universaalset jahu
- 1-½ tassi piima
- ¼ teelusikatäit pipart
- ¼ teelusikatäit selleriseemneid
- 1 suur kõvaks keedetud muna, tükeldatud
- 5 viilu Ameerika sulatatud juustu, neljaks lõigatud
- 3 viilu röstsaia, lõigatud kolmnurkadeks

JUHISED:
a) Hauta pannil võis sellerit, rohelist pipart ja sinki 4–5 minutit.

b) Tolmu jahuga; vahusta kihisevaks ja ühtlaseks. Pange selleriseemned, pipar ja piim; pane see keema. Küpseta segades 2 minutit.

c) Tõsta tulelt. Pange juust ja muna; vispelda juustu sulatamiseks. Serveeri röstsaia peale.

4. Cheesy Devilsi kämping

KOOSTISOSAD:
- 4 viilu leiba
- 2 purki kurnatud singimääret
- 1 tomat, õhukeselt viilutatud
- 4 viilu valget Ameerika juustu

JUHISED:
a) Määri igale viilule osa singimääret, tõsta peale mõned tomatid ja seejärel juust.
b) Mähi lõdvalt fooliumisse, et juust ei puutuks kokku.
c) Aseta 10-15 minutiks lõkkerestile.

5. Hommikusöögi küpsis

KOOSTISOSAD:
- 2 suurt muna (eralda ühe muna valge ja munakollane)
- ¼ tassi pehmendatud toorjuustu
- 2 spl parmesani juustu, riivitud
- ½ tl psülliumi kestad
- ½ tl orgaanilist õunasiidri äädikat
- Näputäis küpsetuspulbrit
- Näputäis küüslaugupulbrit
- Sool ja pipar maitse järgi
- 1 tl oliiviõli pluss ½ tl. toiduvalmistamiseks
- 1 viil Ameerika juustu pooleks lõigatud

JUHISED:
a) Vahusta kausis ühe muna munavalge, toorjuust, parmesan, psülliumi kest, õunasiider, küpsetuspulber ja küüslaugupulber. Kombineeri hästi.
b) Pintselda 2 ramekiini oliiviõliga ja vala valmis tainas. Asetage mikrolaineahju 35 sekundiks kõrgel kuumusel küpsetama.
c) Kuumuta ülejäänud õli mittenakkuval pannil ja lisa ülejäänud munad ning prae keskmiseks.
d) Tõsta juustuviilud ja praemunad küpsenud küpsiste peale ning serveeri kohe.

6. Muna McMuffin

KOOSTISOSAD:
- 1 inglise muffin, poolitatud ja röstitud
- 1 viil Kanada peekonit
- 1 muna
- 1 viil Ameerika juustu
- Sool ja pipar, maitse järgi
- Või, toiduvalmistamiseks

JUHISED:
a) Rösti inglise muffinit kergelt pruuniks.
b) Kuumuta väike mittenakkuva pann keskmisel kuumusel ja lisa väike kogus võid.
c) Kui või on sulanud, lisa pannile Kanada peekon ja küpseta 1-2 minutit mõlemalt poolt, kuni see on kergelt pruunistunud. Eemalda pannilt ja tõsta kõrvale.
d) Murra muna pannile ja küpseta, kuni valge on tahenenud, kuid munakollane on veel vedel umbes 2-3 minutit. Maitsesta soola ja pipraga.
e) Pange võileib kokku, asetades röstitud inglise muffini alumisele poolele keedetud muna, seejärel Ameerika juustu viilu ja seejärel Kanada peekonit. Tõsta peale teine pool inglise muffinist ja serveeri kohe.

7. Õhufritüür Hommikusöögipajaroog

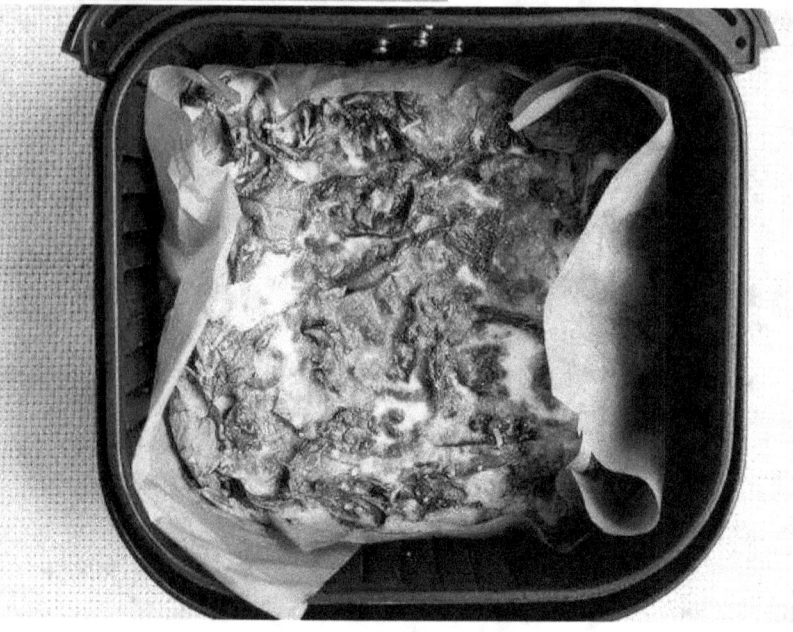

KOOSTISOSAD:
- 1 nael. Jahvatatud vorst
- 1 tl apteegitilli seemet
- 1 kuubikuteks lõigatud roheline paprika
- ½ tassi Colby Jacki juustu, tükeldatud
- ¼ tassi sibulat, kuubikuteks lõigatud
- 8 tervet muna, pekstud
- ½ tl küüslaugusoola

JUHISED:

a) Kasutades õhkfritüüri pannfunktsiooni, lisage sibul ja pipar ning küpseta koos jahvatatud vorstiga, kuni köögiviljad on pehmed ja vorst on küpsenud.

b) Kasutades Air Fryeri panni, piserdage sellele mittenakkuva küpsetusspreiga.

c) Aseta jahvatatud vorstisegu panni põhja. Kõige peale juustu.

d) Vala lahtiklopitud munad ühtlaselt juustu ja vorsti peale.

e) Lisa apteegitilliseemned ja küüslaugusool ning küpseta 15 minutit 390 kraadi juures.

8. Sink Collards Quiche

KOOSTISOSAD:
- 1 leht jahutatud pirukataignast
- 2 tassi hakitud Colby-Monterey Jacki juustu, jagatud
- ¾ tassi kuubikuteks täielikult keedetud sinki
- 2 spl oliiviõli
- 1 tass külmutatud hakitud kõrrelist, sulatatud ja nõrutatud
- 1 väike sibul, hakitud
- 1 küüslauguküüs, hakitud
- ¼ teelusikatäit soola
- ¼ teelusikatäit pipart
- 6 suurt muna
- 1 tass 2% piima

JUHISED:
a) Seadke ahi 375 kraadini ja alustage eelsoojendust. Rullige kondiitrileht lahti 9-tollisele pirukaplaadile; suru serv kokku. Puista tainaga vooderdatud pirukaplaadi põhjale üks tass juustu. Puista singiga.
b) Kuumuta suurel pannil keskmisel-kõrgel kuumusel õli. Pange sibul ja kaelus rohelised; küpseta segades, kuni sibul on pehme, umbes 5–7 minutit.
c) Pange küüslauk ja küpseta 1 minut. Sega hulka pipar ja sool. Kiht sink rohelistega.
d) Vahusta piim ja munad suures kausis kokku.
e) Ülekandmine ülevalt. Puista peale ülejäänud juust.
f) Küpseta 35–40 minutit madalamal ahjurestil, kuni keskele lisatud nuga tuleb puhtana välja. Enne lõikamise alustamist laske 10 minutit seista. Külmutamisvõimalus: külmutage küpsetamata quiche kaanega.
g) Kasutamiseks võta pool tundi enne küpsetamist sügavkülmast välja (ära sulata). Seadke ahi 375 kraadini ja alustage eelsoojendust. Pange quiche a
h) küpsetusplaat. Küpsetage vastavalt juhistele, seades ajaks 50 minutit kuni tund.

9. Singi ja kartuli pajaroog

KOOSTISOSAD:
- ¼ tassi võid, kuubikuteks
- ¼ tassi universaalset jahu
- 1 tl soola
- ¼ teelusikatäit pipart
- 1-½ tassi (12 untsi) hapukoort
- 4 untsi sulatatud juustu (Velveeta), kuubikuteks
- 1 tass hakitud Colby juustu
- 8 suurt kõvaks keedetud muna, jämedalt hakitud
- 3 tassi kuubikuteks lõigatud keedetud kartulit
- 2 tassi kuubikuteks täielikult keedetud sinki
- 2 spl kuivatatud hakitud sibulat
- 2 spl hakitud värsket peterselli

JUHISED:
a) Sulata või keskmisel kuumusel suures potis. Sega hulka pipar, jahu ja sool, kuni segu on ühtlane.
b) Segage ja küpseta 1 kuni 2 minutit. Eemaldage kuumusest; sega hulka juust ja hapukoor.
c) Keeda madalal kuumusel ja sega, kuni segu on paks ja juust sulanud. Võta kuumusest eemale. Sega hulka kartulid, petersell, munad, sibul ja sink.
d) Pane määritud 2-qt. küpsetusnõu.
e) Ärge katke kinni, küpsetage 350 kraadi juures, kuni servad muutuvad kuldpruuniks ja mulliliseks, 30-35 minutit.

10. Maalähedases stiilis hommikusöögipizza

KOOSTISOSAD:
- 13,8-untsi toruga jahutatud pitsakooriku tainas
- Valikuline: küüslaugusool maitse järgi
- 24 untsi pkg. jahutatud kartulipüree
- 10 muna, lahtiklopitud
- Valikuline: hakitud köögiviljad, keedetud sink või vorst
- 8 untsi pkg. riivitud Colby Jacki juust
- 4 untsi pkg. murendatud peekonitükid
- Kaunistuseks: viilutatud tomatid, kuubikuteks lõigatud roheline sibul

a) Määri pitsataigen mittenakkuva köögiviljaspreiga pihustatud pitsapannile; soovi korral puista peale küüslaugusoola ja tõsta kõrvale.
b) Asetage kartulipuder mikrolaineahjukindlasse kaussi; mikrolaineahjus kõrgel temperatuuril umbes 3 minutit, kuni see läbi kuumeneb.
c) Laota kartulid taignale. Küpseta mune vastavalt soovile, lisades soovi korral köögivilju, sinki või vorsti. Määri munasegu ühtlaselt kartulitele.
d) Puista juustuga; peal peekoniga. Küpseta 350 kraadi juures 22–25 minutit, kuni juust on sulanud ja koorik kuldne. Kaunista viilutatud tomatite ja rohelise sibulaga.

11. Spargel – inglise muffiniküpsetus

KOOSTISOSAD:
- 1 nael värsket sparglit, lõigatud 1-tollisteks tükkideks
- 5 inglise muffinit, poolitatud ja röstitud
- 2 tassi riivitud Colby Jacki juustu, jagatud
- 1 ½ tassi kuubikuteks lõigatud täielikult keedetud sinki
- ½ tassi hakitud punast paprikat
- 8 muna, lahtiklopitud
- 2 tassi piima
- 1 tl soola
- 1 tl kuiva sinepit
- ½ tl musta pipart

JUHISED:
a) Keeda 4-liitrises kastrulis sparglitükke 1 minut. Nõruta ja pane küpsetusprotsessi peatamiseks suurde jääveega kaussi. Nõruta ja patsuta spargel paberrätikutega kuivaks.

b) Asetage ingliskeelsed muffinipoolikud, lõikepool üleval, nii, et moodustuks koorik rasvaga määritud 9x13-tollisele pannile. Tükelda muffinid, et täita pannil olevad tühjad kohad vastavalt vajadusele. Laota muffinitele kiht spargel, pool juustust, sink ja paprika.

c) Vahusta suures kausis munad, piim, sool, kuiv sinep ja pipar. Vala munasegu ühtlaselt muffinitele. Kata kaanega ja hoia 2 tundi või üleöö külmkapis. Eemaldage külmkapist enne ahju eelkuumutamist 375 kraadini. Küpseta 40–45 minutit või kuni see on keskel hangunud.

d) Puista kohe peale ülejäänud juust ja serveeri.

12. Lion's Mane singi-juustuomlett

KOOSTISOSAD:
- 2 muna
- ¼ tassi seeni, lõvilakat, väikesteks kuubikuteks lõigatud
- ⅓ tassi sink, Deli Style, õhukeseks viilutatud, väikesteks kuubikuteks lõigatud
- ⅓ tassi juustu, Colby Jack, purustatud.

JUHISED:
a) Eelsoojendage oma küpsetusplaat keskmisele / madalale kuni keskmisele.
b) Tükelda seened ja sink.
c) Vahusta väikeses kausis munad.
d) Pruunista eelkuumutatud kuival küpsetusplaadil kuubikuteks lõigatud seeni, kuni need hakkavad muutuma kuldpruuniks.
e) Küpseta kuubikuteks lõigatud sinki, kuni seened pruunistuvad.
f) Sega plaadil seened ja sink.
g) Kui teil on omletirõngas, saate seda kohe kasutada.
h) Asetage plaadile soovitud õhuke määrdekiht.
i) Vala vahustatud munad võiga määritud kuumale grillile. Munad peaksid olema ümmarguse 6-tollise ringina. Kui munad hakkavad plaadil jooksma, kasutage spaatlit ja viige see tagasi ringikujuliseks.
j) Kui munad lakkavad jooksmast, lisa peale keedetud sink ja seened ning jaota ühtlaselt ümber ringi.
k) Küpseta omletti mõlemalt poolt umbes 2 minutit. Kuid küpsetusajad võivad varieeruda. Peate omletti küpsetama selle välimuse järgi, sest iga küpsetusplaadi temperatuur on erinev.
l) Kui singi-seeneomlett on ühelt poolt küpsenud, on aeg ümber pöörata. Pöörake omlett suure spaatliga ettevaatlikult ümber.
m) Poolele omletile lisa pool riivitud juustust.
n) Kui seene-, singi- ja juustuomlett on küpsenud, keerake see pooleks, nii et juustuta pool jääks sulatatud juustule.
o) Vala peale ülejäänud riivitud juust ja tõsta plaadilt.

13. Deli Türgi krepp

KOOSTISOSAD:
- 3 orgaanilist muna
- ½ tassi pehmendatud toorjuustu
- ½ supilusikatäit steviat
- ½ tl kaneelipulbrit
- 4 viilu sinki
- 4 viilu deli kalkuniliha
- 1 tass Šveitsi juustu, riivitud
- 2 spl orgaanilist võid, jagatud

JUHISED:
a) Pane esimesed neli koostisosa köögikombaini ja vahusta, kuni saad mõnusa taigna. Tõsta kõrvale ja lase 5 minutit puhata.
b) Sulata või mittenakkuval pannil keskmisel tugeval tulel ja tõsta pannile kuhjaga supilusikatäis tainast. Kreepi loomiseks liigutage panni küljelt küljele. Küpseta mõlemat poolt 2 minutit.
c) Pange krepp kokku, katke ühele küljele 1 singiviil ja 1 viil kalkuniliha ning puistage üle Šveitsi juustuga.
d) Asetage peale teine krepp ja tehke sama protseduur.
e) Kasutades sama panni, sulatage ülejäänud või ja asetage sinna laotud krepp.
f) Katke kaanega ja laske 2 minutit küpseda, enne kui pange kreem.
g) Serveeri soojalt.

14. Singi-juustu sarvesaiad

KOOSTISOSAD:
- 6 sarvesaia
- 6 viilu sinki
- 6 viilu Šveitsi juustu
- 1 muna lahtiklopitud 1 spl veega
- Sool ja pipar maitse järgi

JUHISED:
a) Kuumuta ahi temperatuurini 350 °F (175 °C).
b) Lõika sarvesaiad pikuti pooleks ja tõsta kõrvale.
c) Aseta igale sarvesaiale viil sinki ja viil juustu.
d) Puista peale soola ja pipraga.
e) Asetage sarvesaia ülemine pool tagasi ja vajutage õrnalt alla.
f) Aseta sarvesaiad ahjuplaadile ja pintselda munapesuga.
g) Küpseta 15-20 minutit, kuni juust on sulanud ja croissant krõbe.

15. Quiche Lorraine

KOOSTISOSAD:
- 1½ tassi (6 untsi) riivitud Šveitsi juustu
- 8 viilu peekonit või sinki, keedetud ja murendatud
- 3 muna
- 1 tass rasket koort
- ½ tassi piima
- ¼ teelusikatäit pipart
- 1 eelnevalt valmistatud külmutatud pirukakoor

JUHISED:
a) Puista juust ja peekon/sink tainaga vooderdatud pirukapõhjale.
b) Klopi ülejäänud ained omavahel ning vala juustu ja singi peale.
c) Küpseta 375 kraadi juures 45 minutit.

16. Munapuder singiga

KOOSTISOSAD:
- Mittenakkuv toiduvalmistamissprei
- ½ tassi õhukeselt viilutatud deli sinki
- 3 supilusikatäit hakitud Šveitsi juustu
- 2 muna
- 1 tl Dijoni sinepit
- ⅛ teelusikatäis koššersoola
- 3 jahvatatud musta pipart
- Hakitud värske murulauk

JUHISED:
a) Pihustage 16-untsise kruusi sisemust toiduvalmistamispihustiga.
b) Segage kausis kõik koostisosad ja valage need kruusi.
c) Kata kaanega ja küpseta 1½ minutit mikrolaineahjus.
d) Kasutage munasegu purustamiseks kahvlit, katke uuesti ja küpsetage mikrolaineahjus veel umbes 30 sekundit.

EELROID, SUPSED JA SUUNAD

17. Praetud mereandidest valmistatud suupisted

KOOSTISOSAD:
- 1 tass keedetud mereande, helvestatud
- 6 viilu saia
- ¼ tassi võid
- ¼ tassi Cheddari või ⅓ tassi ketšupit või tšillikastet
- Ameerika juust, riivitud

JUHISED:
a) Rösti leiba ühelt poolt; lõika ära koor ja lõika leib pooleks.
b) Või röstimata küljed; kata mereandide kihiga, seejärel ketšupiga ja peale juustu. Asetage kanapeed broileri alla küpsetusplaadile.
c) Prae, kuni juust on sulanud ja kanapeed läbi kuumenenud.

18. Peekonisse mähitud juustukoerad

KOOSTISOSAD:
- 4 hot dogi
- 4 viilu peekonit
- 1 viil Ameerika juustu
- 4 hot dogi kuklit
- Sinep

JUHISED:

a) Asetage peekon mikrolaineahju restile. Kata paberrätikuga. Mikrolaineahjus kõrgel temperatuuril 3½ minutit või kuni peaaegu valmis.

b) Alustades ½ tolli otsast, lõigake iga hot dog pikisuunas sisse. Lõika juust 4 ribaks ja pane hot dogi kuklitesse.

c) Keera peekon hot dogide ümber ja kinnita hambaorkidega. Nõruta peekonirestilt rasv. Asetage hot dogid restile.

d) Kata paberrätikuga.

19. Juustutortilla Pinwheels

KOOSTISOSAD:
- ¼ tassi pehmet toorjuustu murulauguga
- Ja peekon
- 4 tortillat
- 8 viilu Ameerika juustu
- 8 viilu Suitsusink

JUHISED:

a) Määri tortillale üks supilusikatäis toorjuustu. Kõige peale tõsta kaks viilu sinki ja juustu. Rulli tihedalt kokku.

b) Mähi rull kindlalt kilesse. Pane külmkappi.

c) Lõika rull kuueks tükiks ja kinnita viil hambaorgiga keskelt läbi.

20. Peekoni juustu popkorn

KOOSTISOSAD:
- 4 liitrit popkorni
- ⅓ tassi sulatatud võid
- ½ tl maitsestatud soola
- ½ tl Hickory suitsusoola
- ½ tassi riivitud Ameerika juustu
- ⅓ tassi peekonitükke

JUHISED:
a) Valage värskelt poputatud mais suurde kaussi.
b) Kombineeri margariin Hikkori suitsusoolaga.
c) Vala peale popkorn; viska hästi peale.
d) Puista peale juustu ja peekonitükid.
e) Viska uuesti läbi ja serveeri soojalt.

21. State Fair Fries

KOOSTISOSAD:
- 32 untsi pakk külmutatud maitsestatud friikartuleid
- supilusikatäit maisitärklist
- 2 spl vett
- 2 tassi madala rasvasisaldusega piima
- 1 spl margariini
- 8 viilu Ameerika juustu, lõigatud tükkideks
- 15-untsine tšillipurk ilma ubadeta (nt Hormel) või taimetoitlane tšilli ilma lihata

JUHISED:
a) Küpseta friikartuleid ahjus umbes 25 minutit, kuni need on 350 kraadi juures kuldpruunid.
b) Võtke väike kauss ja ühendage vesi ja maisitärklis ühtlaselt.
c) Pange kastrul margariini ja piimaga vahustades keema, seejärel laske kuumus madalaks ja segage maisitärklise segu piimasegusse. Seadke kuumus keskmisele tasemele ja jätkake segu kuumutamist segades, kuni see muutub paksuks.
d) Kombineeri juustuviilud ja sega segu, kuni kõik on sulanud. Seejärel kuumutage tšilli eraldi potis.
e) Kui piimasegu on valmis ja ka tšilli on lisatud, lisage friikartuleid tšilli ja juustuga ning serveerige.

22. Peekoni-juustu Weenie röst

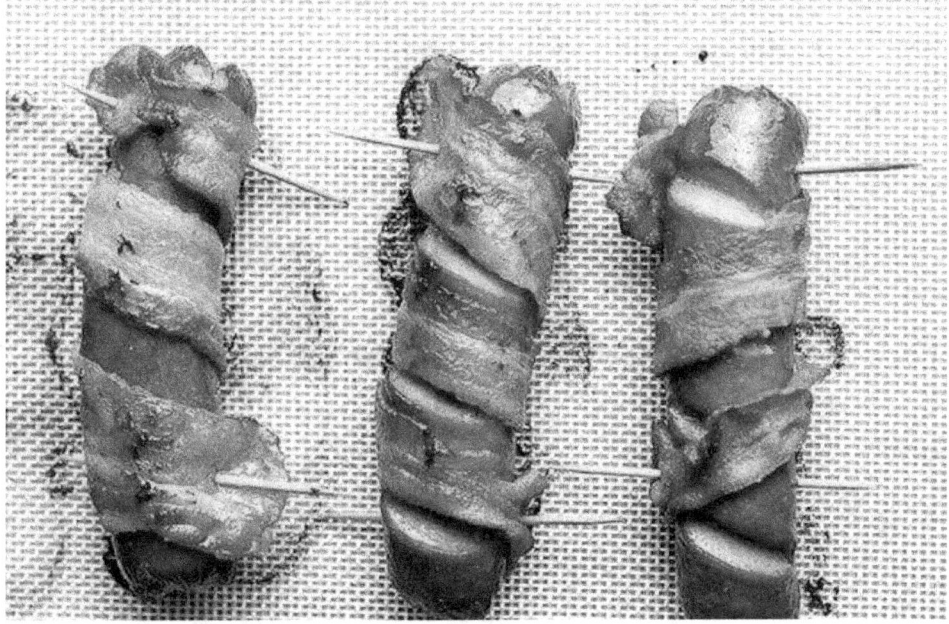

KOOSTISOSAD:
- 1 pakk hotdoge
- Ameerika juust
- 12 untsi keetmata peekonit
- Hambaorkid

JUHISED:
a) Jagage hotdogid pooleks, ilma et oleksite tervet teed läbinud. Rebi juusturibad ja torka piludesse.
b) Mähi iga hotdog peekoniviiluga ja kinnita hambaorkidega.
c) Rösti lahtisel tulel, kuni peekon on krõbe-mahlane ja hotdog on läbi kuumenenud.

23. Ranch Pizza Pinwheels

KOOSTISOSAD:
- 1 toru (13,8 untsi) jahutatud pitsakoor
- ¼ tassi valmistatud rantšo salatikastet
- ½ tassi hakitud Colby-Monterey Jacki juustu
- ½ tassi kuubikuteks lõigatud pepperoni
- ¼ tassi hakitud rohelist sibulat
- Pitsakaste soojendatult või täiendav rantšo salatikaste, valikuline

JUHISED:
a) Rulli pitsatainas kergelt jahusel pinnal 12x10-tolliseks ristkülikuks. Laotage rantšo kaste ühtlaselt ¼ tolli raadiuses. servadest. Puista peale sibul, pepperoni ja juust. Alustades pikemast küljest, keerake nagu tarretis rulli.

b) Lõika 1-tolliseks. viilud. Tõsta rasvainega määritud ahjuplaadile, lõikepool allpool. Küpseta 10–13 minutit, kuni see on 425 ° juures kergelt pruunistunud. Serveeri soojalt koos ekstra rantšo kastme või pitsakastmega (valikuline). Ülejäägid jahutada.

24. Kalkuni liugurid maguskartuliga

KOOSTISOSAD:
- 4 õunapuu suitsupeekoni riba, peeneks hakitud
- 1-naelane jahvatatud kalkun
- ½ tassi panko puru
- 2 suurt muna
- ½ tassi riivitud parmesani juustu
- 4 supilusikatäit hakitud värsket koriandrit
- 1 tl kuivatatud basiilikut
- ½ tl jahvatatud köömneid
- 1 spl sojakastet
- 2 suurt maguskartulit
- Tükeldatud Colby-Monterey Jacki juust

JUHISED:
a) Suurel pannil küpseta peekon keskmisel kuumusel krõbedaks; nõruta paberrätikutele. Visake kõik peale 2 supilusikatäit ära. Pange pann kõrvale. Kombineeri peekon järgmise 8 koostisosaga, kuni see on hästi segunenud; kata ja pane vähemalt 30 minutiks külmkappi.

b) Kuumuta ahi 425°-ni. Lõika bataat 20 umbes ½ tolli paksuseks viiluks. Asetage viilud määrimata ahjuplaadile; küpseta, kuni bataat on pehme, kuid mitte pudrune, 30-35 minutit. Eemaldage viilud; jahuta restil.

c) Kuumuta pann reserveeritud tilkadega keskmisel-kõrgel kuumusel. Vormi kalkuni segust liugurisuurused pätsikesed. Küpseta liugureid partiidena, mõlemalt poolt 3–4 minutit, jälgides, et pannil ei tekiks kogust. Pärast iga liuguri esmakordset ümberpööramist lisage näputäis hakitud cheddarit. Küpseta, kuni termomeeter näitab 165° ja mahl on selge.

d) Serveerimiseks aseta iga liugur bataadiviilule; tupsuta meega Dijoni sinepiga. Kata teise bataadiviiluga.

e) Torka hambatikuga läbi.

25. Õuna-, singi- ja juustuvõileivad

KOOSTISOSAD:
- õun
- Singiviilud
- Colby Jack Slices
- Pruun sinep, Dijoni stiilis või maitseaine valikul

JUHISED:
a) Lõika õunad rõngasteks.
b) Lisa singiviilud. Kõige peale pane juustuviilud.
c) Määri võileiva ülemisele rõngale sinep ja aseta peale (maitseaine pool allpool).

26. Philly Cheesesteak Nachos

KOOSTISOSAD:
- 1 nael õhukeselt viilutatud veise välisfilee või küljetükk
- 2 spl. oliiviõli
- 1 tükeldatud sibul
- 1 kuubikuteks lõigatud roheline paprika
- ¼ tassi viilutatud seeni
- 1 kott tortillakrõpse
- 1 tass hakitud provolone juustu
- ¼ tassi hakitud värsket peterselli

JUHISED:
a) Kuumuta ahi temperatuurini 375 ° F.
b) Kuumuta pannil oliiviõli keskmisel-kõrgel kuumusel. Lisa õhukesteks viiludeks lõigatud veiseliha ja küpseta, kuni see on pruunistunud. Lisage kuubikuteks lõigatud sibul, roheline paprika ja viilutatud seened ning küpseta, kuni need on pehmenenud.
c) Laota küpsetusplaadile ühe kihina tortillalaastud.
d) 4. Puista laastude peale hakitud provolone juust, seejärel tõsta peale veiselihasegu.
e) Küpseta 10-15 minutit või kuni juust on sulanud ja mullitav.
f) Kõige peale tõsta hakitud värske petersell.

27. Kokteilijuustupallid

KOOSTISOSAD:
- 8 untsi juustu, pehmendatud
- ¼ tassi tavalist rasvavaba jogurtit
- 4 untsi hakitud cheddari juustu
- 4 untsi hakitud vähendatud rasvasisaldusega Šveitsi juustu
- 2 tl riivitud sibulat
- 2 tl Valmis mädarõigast
- 1 tl maalähedast Dijoni sinepit
- ¼ tassi hakitud värsket peterselli

JUHISED:
a) Kombineerige juust ja jogurt suures segamiskausis; klopi elektrimikseri keskmisel kiirusel ühtlaseks. Lisa cheddari juust ja järgmised 4 koostisosa; sega põhjalikult. Katke ja jahutage vähemalt 1 tund.

b) Vormi juustusegu palliks ja puista peale petersell. Suru petersell õrnalt juustupalli sisse. Mähi juustupall tugevasse kilesse ja jahuta. Serveeri erinevate soolamata kreekeritega.

28. Hassel tagasi Tomat Clubs

KOOSTISOSAD:
- 4 ploomtomatit
- 2 viilu Šveitsi juustu, neljaks lõigatud
- 4 keedetud peekoniriba, poolitatud
- 4 viilu deli kalkuniliha
- 4 Bibb salatilehte
- ½ keskküpset avokaadot kooritakse ja lõigatakse 8 viiluks
- Praetud pipar

JUHISED:
a) Lõika igasse tomatisse risti 4 viilu, jättes need alt terveks.

b) Täida iga viil juustu, peekoni, kalkuni, salati ja avokaadoga. Puista peale pipart.

29. Seene- ja sibulapuhv

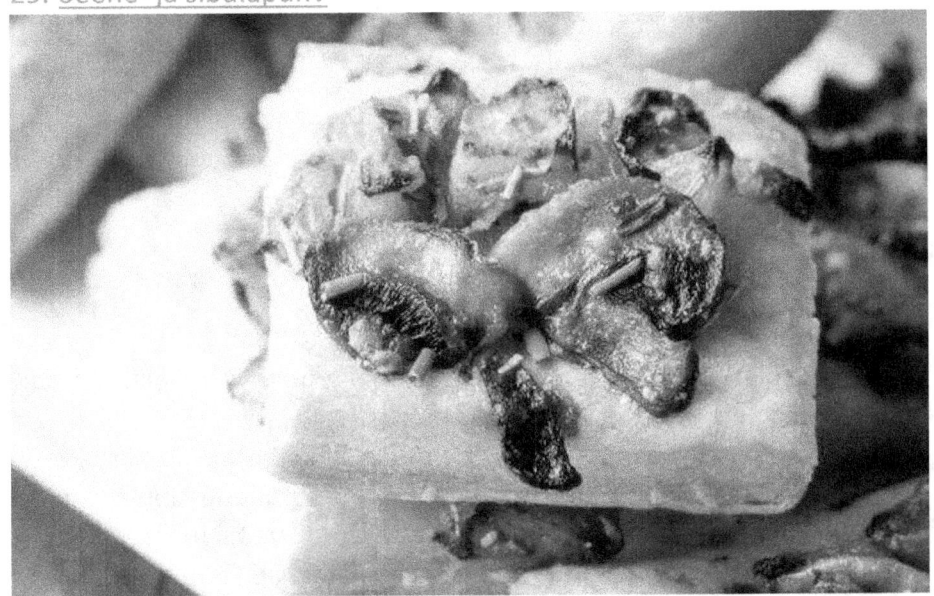

KOOSTISOSAD:
- 1 leht lehttainast, sulatatud
- 1 tass viilutatud seeni
- ½ tassi hakitud sibulat
- ½ tassi hakitud Šveitsi juustu
- 1 muna, lahtiklopitud
- Sool ja pipar maitse järgi

JUHISED:
a) Kuumuta ahi temperatuurini 400 °F (200 °C).
b) Rulli lehttainas kergelt jahusel pinnal umbes ¼ tolli paksuseks.
c) Lõika lehttainas 9 võrdseks ruuduks.
d) Prae pannil seeni ja sibulat pehmeks ja kergelt pruuniks.
e) Tõsta igale lehttaignaruudule umbes 1 spl seene-sibulasegu.
f) Puista seene-sibula segule peale rebitud Šveitsi juust.
g) Murra lehttaigna nurgad üles ja täidise peale, suru servad tihendamiseks kokku.
h) Määri iga lehttaigen lahtiklopitud munaga.
i) Küpseta 15-20 minutit kuldpruuniks.
j) Serveeri kuumalt.

30. Maapähklivõi Fudge

KOOSTISOSAD:
- 1 tl pluss ½ tassi võid, jagatud
- 1 tass rammusat maapähklivõid
- 1 pakk (8 untsi) sulatusjuustu (Velveeta), kuubikuteks
- 1 pakk (2 naela) kondiitri suhkrut
- 1-½ tl vaniljeekstrakti

JUHISED:

a) Vooderdage 13-tolline x 9-tolline pann fooliumiga ja määrige foolium 1 tl võiga; kõrvale panema.

b) Segage suures paksus kastrulis ülejäänud või, juust ja maapähklivõi. Keeda ja sega keskmisel kuumusel kuni sulamiseni. Tõsta tulelt. Sega vanill ja kondiitri suhkur järk-järgult kuni segunemiseni (segu tuleb paks).

c) Laota vooderdatud pannile. Hoia külmkapis 2 tundi või kuni taheneb.

d) Võtke fudge pannilt fooliumi abil välja. Viska foolium; viiluta fudge 1-tollisteks ruutudeks. Pange külmikusse hoidmiseks õhukindlasse anumasse.

DIPS JA QUESO

31. Pubi juustudipp

KOOSTISOSAD:
- 3 spl jämedalt hakitud, marineeritud jalapeno paprikat
- 1 tass kõva siidrit
- ⅛ tl jahvatatud punast pipart
- 2 tassi hakitud eriti teravat kollast Cheddari juustu
- 2 tassi hakitud Colby juustu
- 2 spl maisitärklist
- 1 spl Dijoni sinepit
- 60 kreekerit

JUHISED:
a) Sega keskmises segamiskausis cheddari juust, Colby juust ja maisitärklis. Asetage kõrvale.
b) Sega keskmises kastrulis siider ja sinep.
c) Küpseta keskmisel-kõrgel kuumusel keemiseni.
d) Vahusta juustu segu vähehaaval ühtlaseks vahuks.
e) Lülitage kuumus välja.
f) Sega hulka jalapeno ja punane paprika.
g) Asetage segu 1-liitrisesse aeglasesse pliidi või fondüüpotti.
h) Hoia madalal kuumusel soojas.
i) Serveeri kreekerite kõrvale.

32. Tšiili con queso

KOOSTISOSAD:
- 1 tass kana- või köögiviljapuljongit
- 4 untsi toorjuustu
- 1 spl maisitärklist
- 1 spl hakitud konserveeritud chipotle tšiili adobo kastmes
- 1 küüslauguküüs, hakitud
- ¼ teelusikatäit pipart
- 8 untsi Monterey Jacki juustu, hakitud (2 tassi)
- 4 untsi Ameerika juustu, hakitud (1 tass)
- 1 (10 untsi) purk Roteli kuubikuteks lõigatud tomatit ja rohelist tšillit, nõrutatud

JUHISED:
a) Mikrolainepuljong, toorjuust, maisitärklis, chipotle, küüslauk ja pipar suures kausis, aeg-ajalt vispeldades, kuni see on ühtlane ja paksenenud, umbes 5 minutit.
b) Segage Monterey Jacki ja Ameerika juustud, kuni need on hästi segunenud.
c) Tõsta segu 1½-liitrisesse sufleevormi.
d) Asetage roog aeglasesse pliidisse ja valage aeglasesse pliidisse vett, kuni see ulatub umbes ühe kolmandikuni nõude külgedest (umbes 2 tassi vett).
e) Katke ja küpseta, kuni juust on sulanud, 1–2 tundi madalal kuumusel.
f) Soovi korral eemaldage roog aeglasest pliidist.
g) Vispelda dip ühtlaseks, seejärel sega hulka tomatid. Serveeri.

33. Tex-Mex Chili Con Queso

KOOSTISOSAD:
- 1 spl ekstra neitsioliiviõli
- ½ tassi peeneks hakitud kollast sibulat
- 2 küüslauguküünt, hakitud
- 1 jalapeño, peeneks hakitud
- 1 tl jahvatatud köömneid
- ½ tl soola
- 2 spl maisitärklist
- 1 tass kanalihapuljongit
- 8 Ameerika juustu tükkideks lõigatud
- 1 tass kuubikuteks lõigatud tomateid
- Värske koriander kaunistamiseks (valikuline)

JUHISED:
a) Kuumutage malmpannil või keskmisel kastrulis õli keskmisel kuumusel ning hautage sibulat, küüslauku ja jalapeñot (kui kasutate värsket) köömnete, soola ja maisitärklisega 2–3 minutit, kuni sibul on läbipaistev.
b) Lisa puljong ja keeda 3–4 minutit. Sega pidevalt, lase kastmel pakseneda.
c) Lisa juust ja tomatid. Hauta quesot ettevaatlikult madalal kuumusel 3–5 minutit. Segage ja reguleerige selle paksust vastavalt oma maitsele, lisades rohkem puljongit või juustu.
d) Serveeri kuumalt koos tortillakrõpsudega.

34. Vürtsikas maisikaste

KOOSTISOSAD:
- 1 spl ekstra neitsioliiviõli
- ½ naela vürtsikas Itaalia vorst
- 1 keskmine punane sibul, tükeldatud
- 1 suur punane paprika, tükeldatud
- 1 tass hapukoort
- 4 untsi toorjuustu toatemperatuuril
- 4 tassi külmutatud maisi, sulatatud
- ½ tassi hakitud rohelist sibulat
- 1 suur jalapeño, tükeldatud
- 4 küüslauguküünt, hakitud
- 1 spl hakitud koriandrit
- 2 tl kreooli maitseainet
- 1 tl jahvatatud musta pipart
- 1 tass hakitud teravat Cheddari juustu, jagatud
- 1 tass purustatud Colby Jacki juustu, jagatud
- Taimeõli, määrimiseks

JUHISED:
a) Kuumuta ahi 350 kraadini F.
b) Kuumuta suurel pannil keskmisel kuumusel õli. Lisa Itaalia vorst ja küpseta, kuni see pruunistub. Viska sisse sibul ja paprika. Küpseta, kuni need pehmenevad.
c) Lisa hapukoor ja toorjuust. Segage, kuni see on hästi segunenud, seejärel lisage mais, roheline sibul, jalapeño, küüslauk ja koriander.
d) Jätkake koostisainete segamist, kuni kõik on hästi segunenud.
e) Puista peale kreooli maitseainet, musta pipart, ½ tassi Cheddarit ja ½ tassi Colby Jacki juustu. Sega hästi.
f) Määri ahjuvorm kergelt rasvainega ja lisa seejärel maisisegu. Vala peale ülejäänud juust ja küpseta ilma kaaneta 20 minutit. Enne serveerimist jahuta veidi.

35. Juustu dipiks paprikaga

Portsjonid 8

KOOSTISOSAD:
- 1 spl võid
- 2 punast paprikat, viilutatud
- 1 tl punaseid Aleppo pipra helbeid
- 1 tass toorjuustu, toatemperatuur
- 2 tassi Colby juustu, tükeldatud
- 1 tl sumakit
- 2 küüslauguküünt, hakitud
- 1 tass kanapuljongit
- Sool ja jahvatatud must pipar, maitse järgi

JUHISED:
a) Kiirpoti kuumutamiseks vajutage nuppu "Praadida". Kui see on kuum, sulata või. Prae paprikaid lihtsalt pehmeks.
b) Lisage ülejäänud koostisosad; segage õrnalt segamiseks.
c) Kinnitage kaas. Valige režiim "Käsitsi" ja kõrge rõhk; küpseta 3 minutit. Kui toiduvalmistamine on lõppenud, kasutage kiiret rõhuvabastust; eemaldage kaas ettevaatlikult.
d) Serveeri oma lemmikketo kastmetega. Head isu!

36. Juustu ja õlle dip

KOOSTISOSAD:
- 1 tass riivitud Ameerika juustu
- 1 tass riivitud Cheddari juustu
- 1 tass õlut
- 2 spl maisitärklist
- Sool ja pipar maitse järgi
- Tortillakrõpsud serveerimiseks

JUHISED:
a) Kuumuta potis õlut keskmisel kuumusel.
b) Segage väikeses kausis riivitud Ameerika juust, riivitud Cheddari juust ja maisitärklis. Sega segamiseks.
c) Lisage juustu segu kastrulisse koos õllega ja segage, kuni see on sulanud ja hästi segunenud.
d) Maitsesta soola ja pipraga maitse järgi.
e) Kastmiseks serveeri tortillakrõpsudega.

VÕILEIB, BURGERID JA ÜHENDID

37. Grillitud Ameerika juustu ja tomati võileib

KOOSTISOSAD:
- 8 viilu saia
- Või
- Valmistatud sinep
- 8 viilu Ameerika juustu
- 8 viilu tomatit

JUHISED:

a) Iga võileiva kohta või 2 viilu saia. Määri võitamata küljed valmis sinepiga ning aseta saia vahele 2 viilu ameerika juustu ja kaks viilu tomatit, võiga määritud küljed väljapoole.

b) Pruunista pannil mõlemalt poolt või grilli, kuni juust sulab.

38. Quick Bagel Omlet Sandwich

KOOSTISOSAD:
- ¼ tassi peeneks hakitud sibulat
- 1 spl võid
- 4 muna
- ¼ tassi hakitud tomatit
- ⅛ teelusikatäis soola
- ⅛ teelusikatäis teravat piprakastet
- 4 viilu Jonesi kanada peekonit
- 4 tavalist bagelit, poolitatud
- 4 viilu Ameerika sulatatud juustu

JUHISED:
a) Prae sibul suurel pannil võis pehmeks. Sega piprakaste, sool, tomat ja munad.
b) Tõsta munasegu pannile.
c) Kuni munad on hangunud, laske keetmata osal alla voolata, lükates keedetud servi keskkoha poole. Küpseta, kuni munad on hangunud. Vahepeal küpseta mikrolaineahjus peekonit ja soovi korral rösti bagelid.
d) Laota juustu kihiti bagelipõhjadele. Lõika omlett neljandikku.
e) Serveeri peekoniga bagelitel.

39. Üle-Ameerika burgerid

KOOSTISOSAD:
BURGERID
- 1 väike sibul, väikesteks kuubikuteks
- Koššersool ja värskelt jahvatatud must pipar
- ¾ naela veisehakkliha (80% lahja)
- 2 kartuliburgeri kuklit, poolitatud horisontaalselt
- 1 spl soolata võid
- 4 viilu Ameerika juustu
- ¼ tassi nõrutatud Pour-Over marineeritud kurki
- ½ tassi lahtiselt pakitud peeneks hakitud salatit

ERIKASTE
- ½ tassi majoneesi
- ¼ tassi ketšupit
- 2 spl magusat hapukurgimaitset, nõrutatud
- ½ tl sinepipulbrit (nt Colmani)
- ½ tl küüslaugupulbrit
- ½ tl sibulapulbrit
- ¼ teelusikatäit suhkrut

JUHISED:

a) Dehüdreerige sibul. Kuumuta ahi temperatuurini 325 ° F. Laota sibul väikesele lehtpannile ühe ühtlase kihina. Maitsesta soola ja pipraga. Küpseta 25–27 minutit, kuni see on kokkutõmbunud ja hakkab servadest pruunistuma. Võta ahjust välja ja tõsta kõrvale jahtuma.

b) Vormi burgerid. Asetage veisehakkliha suurde kaussi ja maitsestage ½ tl soola ja ¼ tl pipraga. Kasutage oma käsi, et õrnalt segada, kuni see on lihtsalt segunenud. Jaga veiseliha 4 võrdse suurusega palliks. Asetage pallid kahe vahatatud paberi kihi vahele mõne tolli kaugusel. Vajutage pallid õhukesteks pätsikesteks, ⅛ kuni ¼ tolli paksused, läbimõõduga 4,5 tolli. Jahuta pätsikesed külmkapis vähemalt 5 minutit.

c) Valmista kaste. Segage väikeses kausis majonees, ketšup, maitseaine, sinepipulber, küüslaugupulber, sibulapulber ja suhkur. Maitsesta soola ja pipraga.

d) Rösti kuklid. Kuumuta suur malmpann keskmisel kuumusel. Partiidena töötades röstige kukleid kuival pannil, lõikepool all, 1–2 minutit, kuni need on kergelt pruunistunud. Viige puhtale ja kuivale tööpinnale. Määri kuklipõhjale ja -pealsele õhuke kiht kastet.

e) Küpseta burgereid. Eemaldage pätsikesed külmkapist. Samal pannil, mida kasutati kuklite röstimiseks, sulata või keskmisel kuumusel. Vahetult enne küpsetamist maitsesta pätsikeste pealmine pool soolaga. Asetage pannile kaks pätsikest, soolatud pool allpool. Maitsesta pealt soolaga. Küpseta 2 minutit esimesel küljel või kuni pruunistumiseni. Keera burgerid ümber ja küpseta veel 1 minut või kuni need on pruunistunud. Tõsta kuklipõhjadele ja tõsta iga burgeri peale kohe juustuviil. Asetage pannile ülejäänud kaks pätsikest, soolane pool allpool. Maitsesta pealt soolaga. Küpseta 2 minutit esimesel küljel või kuni pruunistumiseni. Keera burgerid ümber ja tõsta iga peale juustuviil. Küpseta veel 1 minut või kuni see on pruunistunud ja juust sulanud. Tõsta küpsenud pätsikesed kohe juustuga kaetud burgeritele. Lase seista 1 minut, et ülemine kotlet saaks alumisel pätsil oleva juustu sulatada.

f) Pange burgerid kokku. Tõsta iga burger peale 1 supilusikatäis sibulat, paar hapukurgiviilu, väike peotäis salatit ja kuklipealsed. Tõsta serveerimistaldrikutele ja serveeri.

40. Hommikusöögiburger

KOOSTISOSAD:
- 6 untsi lahja jahvatatud veiseliha
- 4 rasheri peekonit, küpsetatud krõbedaks
- Soola maitse järgi
- Loomne rasv
- 2 burgeri kuklit
- 2 viilu Ameerika juustu
- 2 keskmist muna, praetud
- 2 räsipruuni, keedetud ja soojas hoitud

JUHISED:
j) Vormi veiselihast õhukesed ühtlased pätsikesed. Maitsesta soolaga.
k) Pintselda rest loomarasvaga ja aseta peale pätsikesed.
l) Grilli mõlemalt poolt umbes 4 minutit.
m) Eemaldage burgerid grillilt ja asetage igaüks kuklisse.
n) Tõsta peale juustuviil, peekon, praemuna ja räsipruun.

41. Rämpsposti grillitud juustu kangelane

KOOSTISOSAD:
- 4 segmenti Šveitsi juustu
- 2 õhukeselt tükeldatud ploomtomatit
- 8 segmenti Itaalia leiba
- 1 saab rämpsposti
- ¼ tassi Dijoni stiilis sinepit
- ¼ tassi õhukeselt segmenteeritud rohelist sibulat
- 4 segmenti Ameerika juustu
- 2 supilusikatäit võid või margariini

JUHISED:
a) Laota juust ja tomatid ühtlaselt neljale saialõigule. Asetage rämpspost tomatitele.
b) Määri sinep rämpspostile. Puista peale sibul.
c) kõige peale Ameerika juust ja ülejäänud saiatükid.
d) Sulata suurel praepannil või. Lisa võileivad ja grilli mõõdukal kuumusel, kuni see on pruunistunud ja juust sulanud, keerates ühe korra.

42. Provolone Pesto

KOOSTISOSAD:
- 2 viilu Itaalia leiba
- 2 viilu tomatit
- 1 supilusikatäis pehmendatud võid, jagatud
- 1 viil Ameerika juustu
- 1 supilusikatäis valmis pestokastet, jagatud
- 1 viil provolone juustu

JUHISED:
a) Määri 1 viilule ühtlaselt ½ supilusikatäit võid. Asetage viil nakkumatule pannile keskmisel kuumusel võiga määritud pool all.

b) Asetage ½ supilusikatäit pestot ühtlaselt võiga määritud viilu peale, seejärel provolone juustuviil, tomativiilud ja Ameerika juustuviil.

c) Aseta ülejäänud pesto ühtlaselt teisele viilule ja kata viil pannile, pesto pool allpool.

d) Nüüd määri ülejäänud või võileiva peale ja küpseta kõike umbes 5 minutit mõlemalt poolt või kuni kuldpruunini.

43. Copycat N' Out Burgeris

KOOSTISOSAD:
BURGERID:
- 1 nael veisehakkliha (eelistatult 80/20)
- Sool ja pipar
- 4 viilu, kollane Ameerika juust

KASTE KOOSTISOSAD
- ⅓ tassi Mayot
- 1 supilusikatäis suhkruvaba ketšupit
- 1 tl sinepit
- 2 supilusikatäit kuubikuteks lõigatud hapukurki
- 1-2 tl hapukurgi mahla
- ½ teelusikatäit soola
- ½ teelusikatäit paprikat
- ½ tl küüslaugupulbrit

TÄIDISED:
- Jääsalati "kuklid"
- Tükeldatud tomat
- Hapukurgid
- ½ kollast sibulat, õhukeseks viilutatud
- Valikuline – nutikad kuklid

JUHISED:
a) Alusta kastme valmistamisega. Segage väikeses kausis majonees, suhkruvaba ketšup, 1 tl sinepit, kuubikuteks lõigatud hapukurk, hapukurgi mahl ja vürtsid. Sega läbi ja katseta maitset. Maitsed sulanduvad aja jooksul paremini kokku, nii et võite vabalt kohandada.

b) Hamburgeripihvide valmistamiseks mõõtke 2 untsi liha pätsi kohta ja rullige need lihapalliks. Korrake nii, et teil oleks kokku 10 lihapalli. Maitsesta pealsed meresoola ja jahvatatud musta pipraga.

c) Eelsoojendage malm/pann kõrgele kuumusele. Vajadusel lisa pannile veidi õli. Asetage kaks lihapalli plaadile või pannile, kasutage laia spaatlit ja suruge alla.

d) Enne ümberpööramist määri pealmine osa (valikuline) sinepiga. Töötage kiiresti. Kui servad muutuvad pruuniks, keerake need ümber.

e) Asetage üks Ameerika juustutükk ühele burgerikotile ja virna teine kott selle peale.

f) Koostamiseks alustage alumisest salatitükist, lisage viilutatud sibul, kahekordselt virnastatud burgeripihv, tomat, hapukurk ja kaste.

g) Kata teise salatikukliga ja kaeva sisse!

44. Maguskartuli ja muna burritod

KOOSTISOSAD:
KARTULI JAOKS
- 1 tass vett või köögiviljapuljongit
- ½ naela maguskartulit kooritud ja väikesteks kuubikuteks lõigatud
- Kosher ehk peen meresool ja värskelt jahvatatud must pipar
- Täidise jaoks
- 2 spl oliivi- või taimeõli, jagatud
- ½ sibulat, peeneks hakitud
- ½ punast paprikat, seemnetest puhastatud ja peeneks hakitud
- 1 tl chipotle pulbrit
- 1 tass konserveeritud gluteenivabu musti ube, loputatud ja nõrutatud
- 6 suurt muna

KOOSTAMISEKS
- 4 suurt gluteenivaba tortillat
- ½ tassi tomatillo, salsa Verde, salsa Roja või pico de gallo
- 1 tass hakitud Monterey Jacki, pipra Jacki või Colby juustu
- Värskelt pressitud laimimahl Värsked koriandrilehed, hakitud

JUHISED:
KARTULID
a) Valage vesi oma elektrilise kiirkeedupoti sisemise poti põhja.
b) Aseta potti auruti korv ja kuhja korvi kartulid. Sulgege ja lukustage kaas, veendudes, et auruvabastuskäepide on tihendusasendis. Küpseta kõrgel rõhul 2 minutit.
c) Loomulikult vabastage rõhk 2 minutiks, seejärel vabastage järelejäänud rõhk kiiresti, keerates auru vabastamise käepidet õhutusse. Vajutage Tühista. Avage kaas ja avage see ettevaatlikult.
d) Tõsta kartulid potist välja, maitsesta soola ja pipraga, tõsta kõrvale ja hoia soojas. Kartulid saab küpsetada päev ette ja enne munade keetmist ja burritode kokkupanemist uuesti soojendada.
TÄITMINE
e) Kartulite küpsemise ajal kuumutage 10-tollises (25 cm) pannil 1 supilusikatäis (15 ml) õli ning küpsetage sibulat ja pipart 5 minutit, et see kergelt pehmeneks.
f) Lisa pannile chipotle pulber ja oad, kuumuta läbi. Viige köögiviljad kaussi lusikaga ja katke need soojana.

g) Lisage pannile ülejäänud 1 supilusikatäis (15 ml) õli. Klopi munad kausis ühtlaseks, vala seejärel pannile ja küpseta pidevalt segades, kuni need on vahustanud.

h) Tõsta pann tulelt. Haki munad spaatliga väikesteks tükkideks. Sega oad ja köögiviljad munade hulka ning hoia soojas.

KOOSTAMINE

i) Soojendage tortillasid kergelt ja asetage igaühele neljandik kartulitest ja neljandik munadest. Vala peale 2 supilusikatäit (30 g) salsat ja umbes ¼ tassi (30 g) riivitud juustu.

j) Piserdage veidi laimimahla ja veidi koriandrit, keerake ettevaatlikult kokku ja serveerige soojalt.

45. Philly-stiilis juustu-steik

KOOSTISOSAD:
- 2 paprikat
- 1 väike kollane sibul
- 1 nael (450 g) õhukeselt viilutatud veiseribad
- 3 tassi viilutatud seeni
- 1 spl õli
- 1 tk Philly-stiilis juustupihvimaitseainet
- 1 tass hakitud mozzarella- või provolone juustu
- 6 röstitud hoagie rulli

JUHISED:
a) Kuumuta ahi temperatuurini 375° F. Joondage lehtpann koos Sheet Pan Lineriga.
b) Viiluta paprika ja viiluta õhukeselt sibul.
c) Segage suures kausis paprika, sibul, veiseliha, seened, õli ja maitseained. Viska, kuni see on hästi kaetud.
d) Laota pannile ühe kihina nii hästi kui saad. Rösti 15 min.
e) Eemaldage ahjust; puista juustuga.
f) Pange tagasi ahju ja röstige 2 minutit või kuni juust sulab.
g) Serveeri hoagie rullides.

46. Küpsetatud baklažaanivõileivad

KOOSTISOSAD:
- 1 tl oliiviõli
- 2 muna
- ½ tassi universaalset jahu või rohkem kui vaja
- soola ja värskelt jahvatatud musta pipart maitse järgi
- 1 näputäis cayenne'i pipart või rohkem maitse järgi
- 1 kl panko puru
- 8 viilu baklažaani, lõigatud 3/8 tolli paksuseks
- 2 viilu provolone juustu, lõigatud neljandikku
- 12 õhukest salaamiviilu
- 2 ⅔spl oliiviõli, jagatud
- 2 ⅔spl peeneks riivitud Parmigiano-Reggiano juustu, jagatud

JUHISED:
a) Kuumuta ahi temperatuurini 425 kraadi F (220 kraadi C). Vooderda küpsetusplaat alumiiniumfooliumiga.

b) Klopi munad väikeses madalas kausis lahti. Segage suures madalas tassis jahu, sool, must pipar ja Cayenne'i pipar. Vala panko puru teise suurde madalasse tassi.

c) Kata ühele baklažaaniviilule ¼ viilu provolone juustu, 3 viilu salaamit ja ¼ viilu provolone juustu. Aseta peale sama suur baklažaaniviil. Korrake ülejäänud baklažaaniviilude, juustu ja salaamiga.

d) Vajutage iga baklažaanivõileib õrnalt maitsestatud jahu katteks; üleliigne maha raputada. Kasta iga võileiva mõlemad pooled lahtiklopitud munasse, seejärel suru panko puruks. Asetage ettevalmistatud küpsetusplaadile, kuni valmistate ülejäänud baklažaanivõileibu.

e) Nirista 1 tl oliiviõli umbes 3-tollise läbimõõduga ringina fooliumile; asetage õlitatud alale baklažaanivõileib. Puista võileiva peale umbes 1 tl Parmigiano-Reggiano juustu. Korrake ülejäänud 3 võileivaga, niristage fooliumile oliiviõliga, asetage võileib õlile ja katke Parmesani juustuga. Nirista iga võileiva ülaosale 1 tl oliiviõli.

f) Küpseta eelkuumutatud ahjus 10 minutit. Pöörake võileibu ja puistake peale 1 tl Parmigiano-Reggiano juustu. Küpseta, kuni see on pruunistunud ja lõikamisnuga torkab kergesti baklažaani sisse, veel 8–10 minutit. Serveeri soojalt või toatemperatuuril.

47. Kalaburgeri filee

KOOSTISOSAD:
- 1 külmutatud paneeritud siiakala kotlet
- 1 väike tavaline hamburgeri kukkel
- 1 supilusikatäis valmistatud tartarkastet
- ½ viilu tõelist Ameerika juustu
- näputäis soola
- 1 12"x12" vahatatud paberileht (mähkimiseks)

JUHISED:
a) Kuumuta fritüür 375-400 kraadini. Pärast selle valmimist küpseta kala 3–5 minutit, kuni see on valmis.
b) Eemaldage ja lisage näputäis soola.
c) Küpseta kuklit mikrolaineahjus umbes 10 sekundit, kuni see on kuum ja aurav.
d) Lisa kukli kroonilisele küljele umbes 1 supilusikatäis valmistatud tartarkastet.
e) Asetage küpsetatud kalafilee peale, lisage ½ viilu Ameerika juustu, mille keskel on kala, ja lisage kukli kand.
f) Mähi 12 x 12 paberilehe sisse ja kuumuta ahju madalaimas asendis 8–10 minutit.

48. PortobelloItaalia sub-võileib

KOOSTISOSAD:
- 8 suurt Portobello seeni, puhtaks pühitud
- 2 spl ekstra neitsioliiviõli
- Kosher sool
- 1 spl punase veini äädikat
- 1 spl peeneks hakitud pepperoncini seemnetega
- ½ tl kuivatatud oreganot
- Värskelt jahvatatud must pipar
- 2 untsi viilutatud provolooni (umbes 4 viilu)
- 2 untsi õhukeselt viilutatud madala naatriumisisaldusega sinki (umbes 4 viilu)
- 1 unts õhukeselt viilutatud Genova salaamit (umbes 4 viilu)
- 1 väike tomat, lõigatud 4 viiluks
- ½ tassi hakitud jääsalatit
- 4 pimentotäidisega oliivi

JUHISED:
a) Asetage ahjurest ahju ülemisse kolmandikku ja soojendage ahjubroilerit.
b) Eemaldage seentelt varred ja visake ära.
c) Asetage seenekübarad lõpuse küljega ülespoole ja kasutage terava noaga lõpuste täielikku eemaldamist (nii, et kübarad jääksid tasaseks).
d) Laota seenekübarad ahjuplaadile, pintselda üle 1 spl õliga ja puista peale ¼ tl soola.
e) Keeda, kuni korgid on pehmed, keerates pooleldi ümber, 4–5 minutit mõlemalt poolt. Lase täielikult jahtuda.
f) Sega väikeses kausis kokku äädikas, pepperoncini, pune, ülejäänud 1 supilusikatäis õli ja paar jahvatatud musta pipart.

KOKKU VÕILEIVAD
g) Aseta üks seenekübar, lõikepool üleval, tööpinnale. Voldi 1 tükk provolooni, et see mahuks korgi peale, ja korda sama singi ja salaami viiluga.
h) Tõsta peale 1 viil tomatit ja umbes 2 supilusikatäit salatit. Nirista peale veidi pepperoncini vinegretti. Võileib teise seenekübaraga ja kinnita oliiviga keermestatud hambatikuga. Korrake sama ülejäänud koostisosadega, et valmistada veel 3 võileiba.
i) Mähi iga võileib pooleldi vahapaberisse (see aitab kogu mahla kinni püüda) ja serveeri.

49. Hapukoor, Provolone, Pesto

KOOSTISOSAD:
- ½ tassi ekstra neitsioliiviõli
- 8 viilu juuretisega leiba
- ¼ tassi pestot
- 16 õhukest viilu Provolone juustu
- 12 õhukest prosciutto viilu
- 4 tervet röstitud punast paprikat, julieneeritud

JUHISED:

a) Kuumuta Panini grill vastavalt tootja juhistele.

b) Määri igale leivapoolele pesto, enne kui pane alumisele poolele pool juustu, prosciutto, pipraribad ja ülejäänud juust ning sulge võileiva valmistamiseks.

c) Pange peale veidi võid ja küpsetage seda Panini eelkuumutatud grillil umbes 4 minutit või kuni väliskülg on kuldpruun.

50. Gurmee kuum sink ja juust

KOOSTISOSAD:
- 2 suurt sarvesaia
- 4 viilu sinki
- 4 viilu Šveitsi juustu
- 1 spl Dijoni sinepit
- 1 spl mett
- 1 spl soolata võid
- Värske petersell, hakitud (valikuline)

JUHISED:
a) Kuumuta ahi temperatuurini 375 ° F.
b) Lõika sarvesaiad pikuti pooleks.
c) Määri iga sarvesaia alumisele poolele pool supilusikatäit Dijoni sinepit.
d) Tõsta sinep peale 2 viilu sinki ja 2 viilu Šveitsi juustu.
e) Nirista juustule ½ supilusikatäit mett.
f) Sulge croissant ülemise poolega.
g) Sulata ½ supilusikatäit võid mittenakkuval pannil keskmisel kuumusel.
h) Aseta sarvesaiad pannile ja küpseta 1-2 minutit mõlemalt poolt või kuni juust on sulanud ja sarvesaiad on kuldpruunid.
i) Tõsta sarvesaiad ahjuplaadile.
j) Küpseta eelkuumutatud ahjus 5-7 minutit või kuni sarvesaiad on läbi kuumenenud.
k) Võta ahjust välja ja lase minut jahtuda.
l) Puista sarvesaiadele, kui kasutad, hakitud peterselli.
m) Serveeri ja naudi oma maitsvat Gourmet Hot Ham & Cheese Croissanti!

51. Kuubalased

KOOSTISOSAD:
- 4 (6-tollist) kangelaserulli
- ¼ tassi (½ pulka) soolata võid, toatemperatuuril
- 4 tl Dijoni sinepit
- ¼ tassi majoneesi
- ½ naela õhukeselt viilutatud Šveitsi juustu
- 1 tass kurnatud Pour-Over marineeritud kurki või õhukeseks viilutatud tillihapukurki
- ½ naela õhukeselt viilutatud seaprae abatükk
- ½ naela õhukeselt viilutatud prosciutto cotto

JUHISED:
a) Või leib. Lõika rullid horisontaalselt pooleks. Määri iga poole väliskülg võiga. Aseta lehtpannile, lõikepool üleval.
b) Ehitage võileib. Määri iga rulli põhja 1 tl sinepiga ja iga rulli peal 1 spl majoneesi. Lõika juustuviilud pooleks ja jaga rullipõhjade vahel. Tõsta peale hapukurgi, seaprae ja singikiht. Katke rullikutega.
c) Pruunista võileivad. Kuumuta suur malmpann keskmisel madalal kuumusel kuumaks. Partiidena töötades tõsta vajadusel võileivad ettevaatlikult pannile. Kata alumiiniumfooliumiga ja aseta peale suur raske pott.
d) Küpseta, aeg-ajalt potti alla vajutades, 4–5 minutit, kuni põhjad on kuldpruunid ja krõbedad.
e) Keerake võileivad ümber ja asetage alumiiniumfoolium ja raske pott tagasi.
f) Küpseta 4–5 minutit, kuni teine pool on kuldpruun ja juust täielikult sulanud. Tõsta lõikelauale ja lõika võileivad viltu pooleks.
g) Tõsta serveerimisnõudele ja serveeri.

52. Lõkke kuumad võileivad

KOOSTISOSAD:
- Väikeste õhtusöögirullide pakid ehk 2 tosinat Kaiseri rulli
- 1½ naela raseeritud deli sink
- ½ ploki Velveeta juustu riivitud
- 7 kõvaks keedetud muna tükeldatud
- 3 supilusikatäit majoneesi

JUHISED:
a) Sega kõik koostisosad ja täida rullid.
b) Mähi iga võileib eraldi fooliumisse ja kuumuta lõkkel umbes 15 minutit.

PÕHIROOG

53. Särav kana ja juust

KOOSTISOSAD:
- 2 (4 untsi) kanarinda
- 2 spl hakitud küüslauku
- 2 spl hakitud peterselli
- 1 tl purustatud punast tšillit
- ¼ tl musta pipart
- ¼ teelusikatäit soola
- 4 jagatud supilusikatäit oliiviõli
- 1 julieneeritud roheline pipar
- 1 julieneeritud punane pipar
- 1 julieneeritud kollane sibul
- 4 tassi keedetud kartulipüree
- ½ tassi hakitud Chihuahua valget juustu
- 2 viilu Ameerika juustu

JUHISED:
a) Purusta kanarinnad ühtlaseks paksuseks.
b) Sega lukuga kotis küüslauk, petersell, tšilli, pipar, sool ja 2 supilusikatäit oliiviõli.
c) Aseta kana rinnad marinaadi ja pane 2–4 tunniks külmkappi.
d) Kuumuta malmpannil keskmisel kuumusel ülejäänud oliiviõli ja prae kana
e) rindu 5 minutit mõlemalt poolt, kuni need omandavad kuldpruuni värvuse. Eemalda pannilt.
f) Prae paprikat ja sibulat 2–3 minutit, kuni need on al dente. Eemaldage pannilt.
g) Kuumuta malmist pann põleti peal väga kuumaks. Asetage kartulipuder pannile,
h) seejärel lisa juust, paprika ja sibul.
i) Pane kana kartulite peale. Küpseta, kuni see on läbi kuumutatud. Serveeri kuumalt pannilt.

54. Kana Fajitas

KOOSTISOSAD:
- 1 spl maisitärklist
- 2 tl tšillipulbrit
- 1 tl soola
- 1 tl paprikat
- 1 tl suhkrut
- ¾ tl purustatud kanapuljongikuubiku
- ½ tl sibulapulbrit
- ¼ tl küüslaugupulbrit
- ¼ tl Cayenne'i pipart
- ¼ teelusikatäit köömneid
- 2 suurt nahata kanarinda
- ½ tassi hakitud rohelist paprikat
- ½ tassi tükeldatud valget sibulat
- 2 supilusikatäit McDonald's fajita maitseainet
- 2 supilusikatäit vett
- ½ tl valget äädikat
- ¼ teelusikatäit laimimahla kontsentraadist
- 2 viilu ehtsat Ameerika juustu
- 4 8-tollist jahutortillat
- toiduõli

JUHISED:
a) Lõika kana väikesteks ribadeks, mitte pikemaks kui kaks tolli ja paksusega umbes ¼ tolli.
b) Segage fajita maitseaine väikeses kausis vee, äädika ja laimimahlaga.
c) Marineerige kana ülaltoodud segus, kaanega ja külmkapis, paar tundi.
d) Küpseta marineeritud kanaribasid vokkpannil keskmisel kuumusel pruuniks. (marinaadi säilitamine) Kasutage kleepumise vältimiseks toiduõli.
e) Lisa roheline pipar ja sibul ning prae segades umbes 1 minut.
f) Lisa ülejäänud marinaad ja prae segades, kuni vedelik "eraldub".
g) Tõsta ¼ segu ühe jahutortilla keskele ja lisa ½ viilu Ameerika juustu.
h) Piserdage veidi eelnevalt segatud fajita maitseainet.
i) Voldi nagu burrito, mille üks ots on avatud ja mähki 12x12 vahapaberilehe sisse. Laske 5-7 minutit seista.
j) Mikrolaineahi, endiselt pakitud, igaüks 15 sekundit. (eraldi)

55. Juustune lihaleib

KOOSTISOSAD:
- 2 naela. hakkliha
- 1 tass riivsaia
- 2 muna
- 1 tass riivitud Ameerika juustu
- ¼ tassi ketšupit
- 1 spl Worcestershire'i kastet
- 1 tl soola
- ½ tl musta pipart

JUHISED:
a) Kuumuta ahi temperatuurini 350 °F.
b) Segage segamiskausis veisehakkliha, riivsai, munad, riivitud Ameerika juust, ketšup, Worcestershire'i kaste, sool ja pipar. Sega hästi.
c) Tõsta segu võiga määritud leivavormi ja suru ühtlaseks jaotumiseks alla.
d) Küpseta 1 tund või kuni lihakook on läbi küpsenud.
e) Lisa peale riivitud Ameerika juust ja pane ahju 5-10 minutiks või kuni juust on sulanud ja mullitav.

56. Grillitud praad sinihallitusjuustuvõiga

KOOSTISOSAD:
- 4 ribeye pihvi
- 4 spl võid, pehmendatud
- ¼ tassi purustatud sinihallitusjuustu
- ¼ tassi riivitud Ameerika juustu
- 1 tl Worcestershire'i kastet
- Sool ja pipar maitse järgi

JUHISED:
a) Kuumuta grill või grillpann kõrgele kuumusele.
b) Maitsesta ribeye pihvid soola ja pipraga.
c) Segage segamisnõus pehme või, murendatud sinihallitusjuust, riivitud Ameerika juust ja Worcestershire'i kaste. Sega hästi.
d) Grillige steike 4-5 minutit mõlemalt poolt, keskmise-haruldaste jaoks.
e) Tõsta iga steik peale sinihallitusjuustuvõid ja lase praadil sulada.

57. Juustuma täidisega kana rinnad

KOOSTISOSAD:
- 4 kondita, nahata kanarinda
- 1 tass riivitud Ameerika juustu
- ¼ tassi hakitud värsket peterselli
- Sool ja pipar maitse järgi
- 1 spl oliiviõli

JUHISED:
a) Kuumuta ahi temperatuurini 375 ° F.
b) Lõika terava noaga igasse kanarinda tasku.
c) Segage segamiskausis riivitud Ameerika juust, hakitud petersell, sool ja pipar. Sega hästi.
d) Täitke iga kanarind juustuseguga ja kinnitage see hambaorkidega.
e) Kuumuta oliiviõli suurel ahjukindlal pannil keskmisel-kõrgel kuumusel. Pruunista kanarindad igast küljest.
f) Tõsta pann eelsoojendatud ahju ja küpseta 20-25 minutit või kuni kana on läbi küpsenud ning juust sulanud ja mulliline.

58. Juustune brokkoli ja kanapajaroog

KOOSTISOSAD:
- 2 tassi keedetud, tükeldatud kana
- 2 tassi hakitud brokkolit
- ¼ tassi võid
- ¼ tassi universaalset jahu
- 2 tassi piima
- 2 tassi riivitud Ameerika juustu
- Sool ja pipar maitse järgi
- ½ tassi riivsaia

JUHISED:
a) Kuumuta ahi temperatuurini 350 °F.
b) Segage suures segamiskausis keedetud, tükeldatud kana ja tükeldatud brokkoli. Sega hästi.
c) Potis sulatage keskmisel kuumusel või. Vahusta jahu ühtlaseks massiks.
d) Vispelda vähehaaval juurde piim ja jätka pidevalt segades keetmist, kuni segu pakseneb.
e) Sega hulka riivitud Ameerika juust, kuni see on sulanud ja ühtlane. Maitsesta soola ja pipraga.
f) Vala juustukaste segamisnõusse kana ja brokoli segule. Sega hästi.
g) Tõsta segu rasvainega määritud 9x13-tollisse ahjuvormi.
h) Kõige peale riivsaia.
i) Küpseta 25-30 minutit või kuni pajaroog on kuum ja mullitav.

SALATID JA KÜLGID

59. Juustune grillkartul

KOOSTISOSAD:
- 3 rusket kartulit, igaüks lõigatud 8 pikuti viiludeks
- 1 sibul, õhukeselt segmenteeritud
- 2 supilusikatäit oliiviõli
- 1 spl kuubikuteks hakitud värsket peterselli
- ½ tl küüslaugupulbrit
- ½ teelusikatäit soola
- ½ tl Jämedalt jahvatatud pipart
- 1 tass hakitud Cheddari juustu või Colby-jacki juustu

JUHISED:
a) Suures tassis Segage kartuliviilud, sibul, õli, petersell, küüslaugupulber, sool ja pipar.
b) Aseta fooliumist grillpannile ühe kihina.
c) Kata paki moodustamiseks teise fooliumivormiga. Tugevdage paki suletud serv fooliumiga.
d) Asetage mõõdukale kuumusele grillile; küpseta 40–50 minutit või kauem, kuni see on pehme, pakki perioodiliselt raputades ja poole grillimise ajal tagurpidi pöörates.
e) Võtke kate välja; peal juustuga.
f) Katke ja küpseta veel 3–4 minutit, kuni juust sulab.

60. Caesari salat Ameerika juustukrutoonidega

KOOSTISOSAD:
- 1 pea Rooma salat, tükeldatud
- ½ tassi riivitud parmesani juustu
- ¼ tassi oliivõli
- 2 supilusikatäit Dijoni sinepit
- 2 küüslauguküünt, hakitud
- 1 supilusikatäis Worcestershire'i kastet
- Sool ja pipar maitse järgi
- 4 viilu Ameerika juustu, lõigatud väikesteks kuubikuteks
- 4 viilu leiba, lõigatud väikesteks kuubikuteks

JUHISED:
a) Kuumuta ahi temperatuurini 350 °F.
b) Sega suures segamiskausis hakitud rooma salat ja riivitud parmesani juust. Sega hästi.
c) Sega eraldi väikeses segamiskausis oliivõli, Dijoni sinep, hakitud küüslauk, Worcestershire'i kaste, sool ja pipar.
d) Vala kaste salatisegule ja sega korralikult läbi.
e) Laota küpsetusplaadile Ameerika juustukuubikud ja saiakuubikud.
f) Küpseta 10-15 minutit või kuni juust on sulanud ja saiakuubikud krõbedad.
g) Lisa juustukrutoonid salatile ja sega enne serveerimist korralikult läbi.

61. Ameerika juustu ja peekoni kartulisalat

KOOSTISOSAD:
- 2 naela kartulit, kooritud ja hakitud väikesteks tükkideks
- ½ tassi majoneesi
- ¼ tassi hapukoort
- ¼ tassi hakitud rohelist sibulat
- ½ tassi hakitud keedetud peekonit
- 1 tass hakitud Ameerika juustu
- Sool ja pipar maitse järgi

JUHISED:

a) Keeda tükeldatud kartulid suures potis soolaga maitsestatud vees pehmeks.

b) Nõruta kartulid ja lase neil toatemperatuurini jahtuda.

c) Segage suures segamiskausis majonees, hapukoor, hakitud roheline sibul, hakitud keedetud peekon, riivitud Ameerika juust, sool ja pipar. Sega hästi.

d) Lisa kaussi jahtunud kartulid ja sega, kuni need on kastmega kaetud.

e) Jahuta kartulisalat enne serveerimist vähemalt 1 tund külmkapis.

62. Grillitud mais Ameerika juustu ja laimiga

KOOSTISOSAD:
- 4 maisi kõrva, kestad eemaldatud
- 2 supilusikatäit oliiviõli
- ½ tassi hakitud Ameerika juustu
- 1 laim, lõigatud viiludeks
- Sool ja pipar maitse järgi

JUHISED:
a) Kuumuta grill keskmisel-kõrgel kuumusel
b) Pintselda maisikõrvad oliiviõliga ning puista peale soola ja pipart.
c) Grilli maisi 8-10 minutit või kuni see on pehme ja kergelt söestunud, aeg-ajalt keerates.
d) Tõsta mais grillilt ja puista peale Ameerika riivitud juustu.
e) Enne serveerimist pigista maisile laimiviilud.

63. Cobbi salat Ameerika juustuga

KOOSTISOSAD:
- 4 tassi segatud salatirohelist
- 2 tassi keedetud ja tükeldatud kanarinda
- 4 kõvaks keedetud muna, tükeldatud
- 4 viilu keedetud peekonit, purustatud
- 1 avokaado, tükeldatud
- ½ tassi kirsstomateid, poolitatud
- ½ tassi purustatud sinihallitusjuustu
- ½ tassi hakitud Ameerika juustu
- Sool ja pipar maitse järgi
- Rantšo kaste serveerimiseks

JUHISED:
a) Laota segatud salatirohelised suurele serveerimisvaagnale.
b) Laota roheliste peale keedetud ja tükeldatud kanarind, kõvaks keedetud munad, murendatud peekon, kuubikuteks lõigatud avokaado ja poolitatud kirsstomatid.
c) Puista salati peale purustatud sinihallitusjuust ja riivitud Ameerika juust.
d) Maitsesta salat maitse järgi soola ja pipraga.
e) Serveeri salat koos rantšo kastmega.

64. Ameerika juustu ja brokkoli salat

KOOSTISOSAD:
- 4 tassi hakitud brokoli õisikuid
- ¼ tassi kuubikuteks lõigatud punast sibulat
- ½ tassi majoneesi
- ¼ tassi hapukoort
- 1 supilusikatäis õunasiidri äädikat
- 1 supilusikatäis mett
- ½ tl küüslaugupulbrit
- ½ tassi hakitud Ameerika juustu
- Sool ja pipar maitse järgi

JUHISED:
a) Sega suures segamiskausis hakitud brokoliõisikud ja kuubikuteks lõigatud punane sibul.
b) Vahusta eraldi kausis majonees, hapukoor, õunaäädikas, mesi ja küüslaugupulber.
c) Vala kaste brokolisegule ja viska katteks.
d) Puista salati peale hakitud Ameerika juust.
e) Maitsesta salat maitse järgi soola ja pipraga.

65. Õuna- ja Ameerika juustu salat

KOOSTISOSAD:
- 4 tassi segatud salatirohelist
- 1 õun, viilutatud
- ¼ tassi viilutatud mandleid
- ¼ tassi kuivatatud jõhvikaid
- ½ tassi hakitud Ameerika juustu
- Sool ja pipar maitse järgi
- Serveerimiseks palsamiviinerett

JUHISED:

a) Laota segatud salatirohelised suurele serveerimisvaagnale.

b) Laota viilutatud õun, viilutatud mandlid ja kuivatatud jõhvikad roheliste peale.

c) Puista salati peale hakitud Ameerika juust.

d) Maitsesta salat maitse järgi soola ja pipraga.

e) Serveeri salatit koos balsamico vinegretiga.

PITSA JA PASTA

66. Aed-basiiliku pepperoni pitsa

KOOSTISOSAD:
- Sõtkumata leiva- ja pizzatainas, ½ naela
- Ekstra neitsioliiviõli, üks supilusikatäis
- Provolone juust, üks tass, riivitud
- Kirsstomatid, 2 tassi
- Mozzarella juust, üks tass, riivitud
- Purustatud tomatikonserv, ¾ tassi
- Viilutatud pepperoni, 8 tükki
- 1 küüslauguküüs, hakitud või riivitud
- Koššersool ja värskelt jahvatatud pipar
- Värske basiilik, kaunistuseks

JUHISED:
a) Rulli tainas kergelt jahuga üle puistatud pinnal lahti.
b) Liigutage tainas ettevaatlikult ettevalmistatud lehtpannile.
c) Lao peale mozzarella ja provolone koos purustatud tomatitega.
d) Laota peale pepperoni.
e) Kombineeri kirsstomatid, küüslauk, oliiviõli, sool ja pipar.
f) Jaotage ühtlaselt pitsa peale.
g) Küpseta 10 kuni 15 minutit temperatuuril 450 ° F.
h) Aseta peale värsked basiilikulehed.
i) Tükelda ja naudi.

67. Pepperoni lasanje

KOOSTISOSAD:
- ¾ naela veisehakkliha
- ¼ tl jahvatatud musta pipart
- ½ naela salaami, tükeldatud
- 9 lasanje nuudlit
- ½ naela pepperoni vorsti, tükeldatud
- 4 tassi riivitud mozzarella juustu
- 1 sibul, hakitud
- 2 tassi kodujuustu
- 2 (14,5 untsi) purki hautatud tomateid
- 9 viilu valget Ameerika juustu
- 16 untsi tomatikastet
- riivitud parmesani juust
- 6 untsi tomatipastat
- 1 tl küüslaugupulbrit
- 1 tl kuivatatud pune
- ½ teelusikatäit soola

JUHISED:
a) Prae pepperoni, veiseliha, sibulat ja salaamit 10 minutit. Eemaldage liigne õli. Sisestage kõik aeglasele pliidile madalal kuumusel koos pipra, tomatikastme ja -pasta, soola, hautatud tomatite, pune ja küüslaugupulbriga 2 tunniks.
b) Enne jätkamist lülitage ahi sisse 350 kraadini.
c) Keeda lasanjet soolases vees 10 minutit al dente keemiseni, seejärel eemalda kogu vesi.
d) Kandke oma ahjuvormi kerge kate kastmega ja seejärel kiht: ⅓ nuudlid, 1 ¼ tassi mozzarellat, ⅔ tassi kodujuustu, Ameerika juustu viilud, 4 tl parmesani, ⅓ liha. Jätka, kuni roog on täis.
e) Küpseta 30 minutit.

68. Queso Mac ja juust

KOOSTISOSAD:
- 1 nael küünarnuki makarone
- Natuke soola ja musta pipart
- 12 untsi Ameerika juustu, valge
- 8 untsi cheddari juustu, eriti terav
- 6 supilusikatäit. soolamata võist
- 6 supilusikatäit. universaalsest jahust
- 4 tassi täispiima
- 2, 8 untsi purki tomatit ja rohelist tšillit, kuubikuteks
- 1,8-untsine purk rohelist tšillit, mahe
- ½ tassi koriandri lehti, värskeid ja jämedalt hakitud
- 1 tass tortillakrõpse, purustatud
- ½ teelusikatäit. tšillipulbrist

JUHISED:
a) Kõigepealt kuumuta ahi 425 kraadini.
b) Ahju kuumenemise ajal keeda pasta veepotis vastavalt pakendil olevale JUHENDILE. Kui pasta on keedetud, nõruta ja tõsta kõrvale.
c) Lisage keskmises kausis Ameerika juust ja cheddari juust. Segage korralikult läbi.
d) Asetage suur Hollandi ahi keskmisele kuumusele. Lisage soolata või. Kui või on sulanud, lisa jahu. Vahusta ühtlaseks ja küpseta 1 minut. Lisa piim ja vahusta segamini. Jätkake küpsetamist 8 minutit või kuni see on paksu konsistentsiga.
e) Lisage konserveeritud tomatid ja tšillid. Küpseta 2 minutit enne tulelt eemaldamist.
f) Lisage 4 tassi juustu segu ja segage hästi, kuni konsistents on ühtlane.
g) Lisage keedetud pasta ja koriander. Sega korralikult läbi ja maitsesta soola ja musta pipraga.
h) Tõsta see segu rasvaga määritud suurde ahjuvormi.
i) Lisage väikesesse kaussi tortillalaastud, tšillipulber ja ülejäänud tass juustu. Segage hästi ja puistage pasta peale.
j) Asetage ahju küpsema 12-15 minutiks.
k) Eemaldage ja serveerige koos korianderiga.

69. Maci ja juustu hommikusöögivõileib

KOOSTISOSAD:
- 1 nael keedetud makarone
- 8 suurt muna
- Sool ja pipar, maitse järgi
- ¼ tassi soolamata võid
- 4 inglise muffinit, poolitatud ja röstitud
- 4 viilu keedetud sinki
- 4 viilu Ameerika juustu

JUHISED:
a) Vahusta suures kausis munad, sool ja pipar.
b) Sulata või suurel pannil keskmisel kuumusel.
c) Lisa pannile keedetud makaronid ja sega ühtlaseks.
d) Vala lahtiklopitud munad pannil olevate makaronide peale.
e) Küpseta mune ja makarone aeg-ajalt segades, kuni munad on vahukoorunud ja hangunud.
f) Võileibade kokkupanemiseks aseta iga inglise muffini alumisele poolele viil sinki ja viil Ameerika juustu.
g) Tõsta muna-makaronisegu lusikaga juustule ja singile.
h) Tõsta peale ülejäänud pool inglise muffinist ja serveeri.

70. Lillkapsa brokkoli makaronid

KOOSTISOSAD:
- 2 tassi lillkapsa õisikuid
- 1 unts tükkideks lõigatud Ameerika juustu
- ¾ tassi kookospiima
- 1 tass cheddari juustu, tükeldatud
- 8 untsi küünarnuki makarone
- 2 tassi brokkoli õisikuid
- 3 tassi vett
- ½ tl soola

JUHISED:
a) Lisa kiirpotti vesi, makaronid, lillkapsas, spargelkapsas ja sool ning sega korralikult läbi.
b) Sulgege pott kaanega ja keetke kõrgel kuumusel 4 minutit.
c) Vabastage rõhk kiirvabastusmeetodil, seejärel avage kaas.
d) Lülitage kiirpott küpsetusrežiimile. Lisage Ameerika juust, kookospiim ja cheddari juust. Sega korralikult läbi ja küpseta 5 minutit.
e) Serveeri ja naudi.

71. Lillkapsa brokkoli makaronid

KOOSTISOSAD:
- 2 tassi lillkapsa õisikuid
- 1 unts tükkideks lõigatud Ameerika juustu
- ¾ tassi kookospiima
- 1 tass cheddari juustu, tükeldatud
- 8 untsi küünarnuki makarone
- 2 tassi brokkoli õisikuid
- 3 tassi vett
- ½ tl soola

JUHISED:
a) Lisa kiirpotti vesi, makaronid, lillkapsas, spargelkapsas ja sool ning sega korralikult läbi.
b) Sulgege pott kaanega ja keetke kõrgel kuumusel 4 minutit.
c) Vabastage rõhk kiirvabastusmeetodil, seejärel avage kaas.
d) Lülitage kiirpott küpsetusrežiimile. Lisage Ameerika juust, kookospiim ja cheddari juust. Sega korralikult läbi ja küpseta 5 minutit.
e) Serveeri ja naudi.

72. Linguine juustukastmega

KOOSTISOSAD:
- ½ tassi tavalist madala rasvasisaldusega jogurtit
- 1 toores muna
- ⅓ tassi 99% rasvavaba kodujuustu
- Soola või võimaitseline sool
- Pipar
- ½ tl pune või pitsamaitseaineid
- 3 untsi Šveitsi juustu, jämedalt hakitud
- ⅓ tassi värsket hakitud peterselli

JUHISED:
a) Kuuma linguine'i kohal segage kiiresti jogurt, seejärel muna paksendamiseks.
b) Seejärel segage ülejäänud koostisosad.
c) Pane pott väga madalale tulele, kuni juust on sulanud.

73. Küpsetatud juustu gnocchi

KOOSTISOSAD:
- 3 liitrit vett
- 9 tassi piima
- 2 supilusikatäit koššersoola
- 1 tl Värskelt riivitud muskaatpähkel
- 6 tassi Polentat
- 1 tass soolata võid
- 3 tassi Parmesani juustu
- ¾ tassi keedetud peekonit
- ¾ tassi peterselli
- ⅓ tassi scallions
- 18 Muna
- 1 spl Värskelt jahvatatud valget pipart
- 9 tassi Šveitsi juustu
- 1 tass oliiviõli
- 1 spl jahvatatud kaneeli

JUHISED:
a) Segage kastrulis mõõdukal leegil vesi, piim, sool ja muskaatpähkel.
b) Vähendage kuumust, segage Polentasse väga aeglaselt ja jätkake segamist, kuni see pakseneb.
c) Eemaldage tulelt ja segage või, parmesan, peekon, petersell, talisibul, munad ja must pipar.
d) Sega hästi ja vala ¼ tolli paksusesse lehtpannile.
e) Lõika biskviidilõikuriga 2-tollisteks ringideks.
f) Tõsta ringid võiga määritud lehtpannile ja tõsta igale ringile 1 supilusikatäis riivitud Šveitsi juustu.
g) Nirista peale oliiviõli.
h) Küpseta 350 kraadi juures krõbedaks ja kuldseks.
i) Kaunista jahvatatud kaneeliga ja serveeri kuumalt.

74. Lihtsad kiired pitsad

KOOSTISOSAD:
- 1 nael veisehakkliha
- 1 nael värske jahvatatud sealihavorst
- 1 sibul, hakitud
- 10 untsi sulatatud Ameerika juustu, kuubikuteks
- 32 untsi kokteili rukkileib

JUHISED:
a) Enne millegi muu tegemist seadke ahi 350 kraadi F-le.
b) Kuumuta suur pann ja küpseta vorsti ja veiseliha täielikult pruuniks.
c) Lisa sibul ja prae pehmeks ning nõruta pannilt liigne rasv.
d) Segage sulatatud juustutoit ja küpseta, kuni juust on sulanud.
e) Laota saiaviilud küpsiseplaadile ja tõsta igale viilule kuhjaga lusikatäis veiselihasegu.
f) Küpseta kõike ahjus umbes 12-15 minutit.

SUPID JA KOHTU

75. Tuunikala sulatatud hapukoor

KOOSTISOSAD:
- 0,75 untsi võid
- 12,50 untsi Sibul, valge, hakitud
- 18,75 untsi Kartul, rusikas, kooritud, kuubikuteks lõigatud
- 1 ea. Kreemjasupi põhi, 25,22 untsi kott, valmistatud
- 1,25 naela. Töödeldud Ameerika juust, kuubikuteks
- 2 naela. Tuunikala õlis nõrutatud
- Vajadusel koššersool
- Vajadusel pipar
- Vajadusel Tomat, tükeldatud

JUHISED:
a) Sulata suures potis keskmisel kuumusel või ja prae sibulad läbi. Hauta kartuleid 5 minutit. Lisa potti kooresupipõhi ja juust. Alanda madalal kuumusel ja hauta, kuni kartul on pehme ja juust sulanud. Lisa tuunikala ja küpseta veel 10 minutit. Maitse ja maitsesta.
b) Kaunista tomatiga.

76. Kuldse kartuli supp

KOOSTISOSAD:
- 3 tassi kooritud ja kuubikuteks lõigatud kartulit
- ½ tassi hakitud sellerit
- ½ tassi hakitud sibulat
- 1 kuubik kanapuljongit
- 1 tass vett
- 1 tl kuivatatud peterselli
- ½ tl soola
- 1 näputäis jahvatatud musta pipart
- 2 tl universaalset jahu
- 1 ½ tassi piima
- 1 ½ tassi hakitud Ameerika juustu
- 1 tass hakitud sinki

JUHISED:
a) Lisa suurde potti petersellihelbed, vesi, kanapuljong, sibul, seller ja kartul. Maitsesta pipra ja soolaga, seejärel lase podiseda, kuni köögiviljad on pehmed.

b) Sega teises kausis piim ja jahu. Kui see on hästi segatud, lisage see supisegule, keetke, kuni supp pakseneb.

c) Sega juurde keedetud sink või hamburger ja juust, hauta kuni juustu sulamiseni.

77. Köögivilja-nuudlisupp

KOOSTISOSAD:
- 3-½ tassi piima
- 1 pakk (16 untsi) külmutatud California segu köögivilju
- ½ tassi kuubikuteks lõigatud Ameerika sulatatud juustu (Velveeta)
- 1 ümbrik kana-nuudlisupi segu

JUHISED:

a) Kuumuta piim suures potis keemiseni. Sega hulka köögiviljad ja kuumuta keemiseni.

b) Alandage kuumust; katke kaanega ja hautage 6 minutit.

c) Blenderda juustu ja supi seguga. Kuumuta uuesti keemiseni. Alandage kuumust.

d) Hauta ilma kaaneta 5–7 minutit või kuni juust sulab ja nuudlid on pehmenenud, aeg-ajalt segades.

78. Juustune lihapallisupp

KOOSTISOSAD:
- 1 nael lahja veiseliha
- 1 muna
- ¼ tassi LC paneerimis- ja kooriku segu
- 1 tl Sool
- 1 tl pune
- 1 spl. Petersell hakitud
- ½ tl küüslaugupulbrit
- ½ tl jahvatatud musta pipart
- Aktsiate jaoks
- 2 tassi veiselihapuljongit
- ½ keskmist rohelist paprikat kuubikuteks
- ½ keskmist punast paprikat kuubikuteks
- 1 vars seller, tükeldatud
- ½ tassi punast sibulat, tükeldatud
- 5 suurt seeni, tükeldatud
- Juustukaste:
- 4 spl. Vesi
- 4 spl. Raske kreem
- 4 spl. Või
- 8 viilu Ameerika juustu

JUHISED:

a) Asetage kaussi veiseliha, muna, paneerimissegu, sool, pune, petersell, küüslauk ja pipar ning segage hästi. Vormi 2-tollised pallid ja tõsta kõrvale.

b) Asetage kiirpotti veiselihapuljong, roheline ja punane paprika, seller, sibul ja seened ning segage.

c) Aseta lihapallid puljongisse.

d) Asetage kaas ja lukustage ning seadke küpsetusajaks käsitsi 10 minutit.

e) Kui taimeriga on jäänud 3 minutit, ühendage mikrolaineahjus töötav kauss vee, koore, või ja Ameerika juustuga.

f) Küpseta juustukastet mikrolaineahjus 2–3 minutit, kuni see on segunenud, segades iga 30 sekundi järel.

g) Vabastage kiiresti surve ja segage juustukaste.

h) Serveeri soojalt.

79. Talvine köögivilja- ja singiroog

KOOSTISOSAD:
- 3 keskmist kartulit, kooritud ja lõigatud ¼-tollisteks tükkideks
- ½ tassi hakitud sibulat
- 1 tass vett
- ¾ tl sibulasoola või sibulapulbrit
- ½ tl pipart
- ⅛ teelusikatäis soola
- 2 tilka Louisiana stiilis kuuma kastet
- ½ tassi kuubikuteks täielikult keedetud sinki (¼-tollised tükid)
- 1 tass värskeid või külmutatud rooskapsaid, veeranditeks
- 1-½ tassi piima
- ¾ tassi purustatud Colby-Monterey Jacki juustu, jagatud

JUHISED:
a) Keeda suures kastrulis vesi koos kartulite ja sibulaga. Alanda kuumust, seejärel kata kaanega. Laske sellel 10–12 minutit küpseda, kuni see pehmeneb. Püreesta kartulid koos veega ja lisa pipar, sibulasool, kuum kaste ja sool. Lase puhata.

b) Prae rooskapsaid koos singiga suurel nakkumatul pannil, mis on kaetud küpsetusspreiga, 5–6 minutit, kuni idud pehmenevad. Sega hulka kartulisegu, seejärel vala piim. Lase keema tõusta, siis alanda kuumust. Jätke see keetmise ajal kaaneta, kuni see on täielikult kuumenenud. Segage keetmise ajal 5–6 minutit.

c) Lisage ettevaatlikult pool tassi juustu ja laske sellel 2–3 minutit sulada. Tõsta peale juustu jäägid.

80. Kalkunikoor Šveitsi mangoldiga

KOOSTISOSAD:
- 1 spl rapsiõli
- 1 nael kalkuni reied
- 1 porgand, tükeldatud ja tükeldatud
- 1 porrulauk, tükeldatud
- 1 pastinaak, tükeldatud
- 2 küüslauguküünt, hakitud
- 1 ½ liitrit kalkunipuljongit
- 2-tärni aniisi kaunad
- Meresool, maitse järgi
- ¼ tl jahvatatud musta pipart või rohkem maitse järgi
- 1 loorberileht
- 1 hunnik värsket Tai basiilikut
- ¼ tl kuivatatud tilli
- ½ tl kurkumipulbrit
- 2 tassi tükkideks rebitud Šveitsi mangoldi

JUHISED:

a) Vajutage nuppu "Sauté" ja kuumutage rapsiõli. Nüüd pruunista kalkuni reied 2–3 minutit mõlemalt poolt; reserv.

b) Lisa tilk kalkunipuljongit, et kraapida põhjast üles pruunistunud tükid.

c) Seejärel lisage kiirpotti porgand, porrulauk, pastinaak ja küüslauk. Prae, kuni need on pehmenenud.

d) Lisa ülejäänud kalkunipuljong, tähtaniisi kaunad, sool, must pipar, loorberileht, Tai basiilik, till ja kurkumipulber.

e) Kinnitage kaas. Valige säte "Supp" ja küpseta 30 minutit. Kui küpsetamine on lõppenud, kasutage loomulikku rõhuvabastust; eemaldage kaas ettevaatlikult.

f) Segage veel kuumalt mangold, et lehed närbuks. Nautige!

81. Rueben Chowder

KOOSTISOSAD:
- 10 untsi võid
- 30 untsi Sibul, valge, tükeldatud
- 30 untsi Paprika, roheline, tükeldatud
- 1 ea. Kreemjasupi põhi, 25,22 untsi kott, valmistatud
- 5,25 untsi Dijoni sinepit
- 5 liitrit veiselihapõhi, valmistatud
- 5 naela. Soolaveiseliha, keedetud, tükeldatud
- 2,50 naela. Hapukapsas, loputatud, hästi kurnatud
- 2,50 naela. Šveitsi juust, riivitud
- Vastavalt vajadusele Krutoonid, rukkileib
- Vajadusel Šveitsi juust, riivitud

JUHISED:
a) Sulata keskmisel kuumusel suures potis või ning prae sibulat ja paprikat pehmeks. Lisa kooresupi põhi, sinep ja veiselihapõhi ning sega vispliga ühtlaseks.

b) Lisa soolatud veiseliha ja hapukapsas, sega ja hauta umbes 10 minutit. Sega juurde Šveitsi juust ja kuumuta kuni sulamiseni. Maitse ja maitsesta.

c) Kaunista rukkileiva krutoonide ja lisaks Šveitsi juustuga.

82. Jalapeno juustusupp

KOOSTISOSAD:
- 6 tassi kanapuljongit
- 8 sellerivart
- 2 tassi kuubikuteks lõigatud sibul
- ¾ tl küüslaugu soola
- ¼ teelusikatäit valget pipart
- 2 naela Velveeta juustu
- 1 tass kuubikuteks lõigatud jalapeno paprikat
- Hapukoor
- Jahu tortillad

JUHISED:

a) Tükeldage sellerivarred, sibulad ja jalapenod. Lõika Velveeta kuubikuteks.

b) Valage suurde kastrulisse kanapuljong, seller, sibul, küüslaugusool ja valge pipar. Küpseta kõrgel kuumusel 10 minutit või kuni segu väheneb ja veidi pakseneb.

c) Asetage puljong ja juust blenderisse või köögikombaini. Püreesta need koos, kuni segu on ühtlane. Tõsta püreestatud segu tagasi kastrulisse ja hauta 5 minutit. Lisa kuubikuteks lõigatud paprika ja sega need korralikult läbi.

d) Serveeri hapukoore ja soojade jahutortilladega.

MAGUSTOOTED JA KÜPSETOOTED

83. Nuudli- ja seenesuflee

KOOSTISOSAD:
- 9 untsi nuudlid
- 18 untsi jahvatatud veiseliha
- 1 purk seeni
- 7 tomatit
- 1 porrulauk
- 1 pakk Ameerika juustu viile
- 1 pakk emmentali juustu viile
- 4 muna
- 15 untsi koort
- Külmutatud murulauk, maitse järgi
- 1 küüslauguküüs

JUHISED:

a) Lõika seened, porrulauk ja tomatid viiludeks.

b) Keeda nuudlid soolases vees vastavalt juhistele.

c) Prae veisehakkliha porru ja seentega õlis lühikest aega ning maitsesta soola, pipra ja küüslauguga.

d) Võtke sufleepann ja pange see järgmiselt; nuudlid, tomatid, juust, nuudlid, tomatid, juust.

e) Vorm peaks olema ainult ¾ täis.

f) Sega munad, koor, murulauk, pipar ja sool ning vala ühtlaselt peale. Küpseta 200-220 C ahjus 45-50 minutit.

84. Juustu hapukoored

KOOSTISOSAD:
- ½ tassi taimset lüpset
- 5 untsi Ameerika juustumääret
- 1½ tassi pleegitamata jahu

JUHISED:
f) Sega kausis küpsetis ja juustumääre.
g) Lõika jahu kahe noaga juustusegusse, kuni see on hästi segunenud.
h) Vormige 1¼-tollise läbimõõduga ja 12 tolli pikkuseks rulliks.
i) Mähi täielikult vahatatud paberisse või kilesse.
j) Hoia külmkapis 1 tund või kauem. Kuumuta ahi 375 kraadini F.
k) Eemaldage tainas külmkapist ja keerake see lahti. Viiluta ⅛-tolline paksus.
l) Kasutades 12 muffinitopsi või 3-tollist koogipanni, asetage kummagi põhja 1 viil tainast.
m) Katke 5 viilu iga väliskülje ümber.
n) Vajutage need õrnalt kokku. Torka põhjad ja küljed kahvliga läbi.
o) Küpseta eelkuumutatud ahjus 18–20 minutit, kuni see on kergelt pruunistunud.
p) Jahuta pannidel restil ja eemalda õrnalt kestad, kui need on puudutamisel külmad.

85. Habanero ja Colby Jack Flan

KOOSTISOSAD:
- 1 9-tolline hapukoor
- 1 tass rasket koort
- ½ tassi täispiima
- ¾ tassi riivitud Colby jack juustu
- 4 suurt muna
- 1 habanero pipar, seemnetest puhastatud ja peeneks hakitud

JUHISED:

a) Kuumuta ahi temperatuurini 350° F. Vahusta suures segamiskausis koor, piim, riivitud Colby jacki juust, munad ja peeneks hakitud habanero pipar.

b) Vala segu ettevalmistatud hapukoorele ja küpseta 40-45 minutit või kuni keskosa on tahenenud. Lase enne serveerimist täielikult jahtuda.

86. Alpi kartulitort

KOOSTISOSAD:
- 7 suurt Idaho kartulit
- 3 tassi Šveitsi juustu, hakitud
- 3 tassi rasket koort
- 3 tl küüslauku, hakitud
- 1 supilusikatäis soola
- 2 tl musta pipart, värskelt jahvatatud
- 1 spl Värske tüümianileht, hakitud
- 1 tl Või, pehmendatud
- Kuumuta ahi 300 kraadini F.

JUHISED:
a) Koori kartulid ja lõika need umbes ⅛-tollisteks viiludeks. Kõrvale panema.
b) Sega kausis kartuliviilud, pool riivitud juustust ning koor, küüslauk, sool, pipar ja tüümian. Segage, kuni see on hästi segunenud.
c) Määri 9-tolline kandiline koogivorm või pajavorm pehme võiga põhja ja külgedelt. Aseta kartulisegu panni põhja ja vajuta lisamise ajal tugevasti kinni. Kui segu on pannil, veenduge, et see oleks kindlalt pakitud. Tõsta peale ülejäänud pool juustu.
d) Küpseta eelkuumutatud ahjus, kuni pealt on kuldpruun, umbes 1½ tundi. Eemaldage kartulid ahjust ja laske neil enne viilutamist 15 minutit puhata. Lõika 2–3-tollisteks ruutudeks.

87. Ürdijuustutordid

KOOSTISOSAD:
- ⅓ tassi peent kuiva leivapuru või peeneks purustatud swiebacki
- 8 untsi Pakend toorjuustu, pehmendatud
- ¾ tassi koore stiilis kodujuustu
- ½ tassi hakitud Šveitsi juustu
- 1 spl universaalset jahu
- ¼ tl Kuivatatud basiilikut, purustatud
- ⅛ teelusikatäis küüslaugupulbrit
- 2 muna
- mittenakkuva pihustuskate
- piima hapukoor
- viilutatud või viilutatud kivideta küpsed oliivid, punane kaaviar
- röstitud punane pipar

JUHISED:
a) Kooriku jaoks piserdage 24 1¾-tollist muffinitopsi mittenakkuva pihustuskattega.
b) Katmiseks puista põhjale ja külgedele riivsaia või purustatud zwiebacki.
c) Raputage panne, et eemaldada liigne puru. Kõrvale panema.
d) Sega väikeses mikserikausis toorjuust, kodujuust, Šveitsi juust, jahu, basiilik ja küüslaugupulber. Vahusta elektrimikseriga keskmisel kiirusel kohevaks.
e) Lisa munad; peksa madalal kiirusel, kuni kombineeritakse. Ärge üle lööge.
f) Täida iga puruga vooderdatud muffinitops 1 spl juustuseguga. Küpseta 375-kraadises F ahjus 15 minutit või kuni keskkohad on hangunud.
g) Jahuta pannidel restidel 10 minutit. Eemaldage pannidelt.
h) Jahuta korralikult restidel.
i) Serveerimiseks määri pealsed hapukoorega. Kaunista oliivide, kaaviari, murulaugu ja/või punase pipra ja oliivilõikustega.
j) Küpsetage ja jahutage torte vastavalt juhistele, välja arvatud see, et ärge määrige hapukoorega ega lisage garneeringuga.
k) Katke ja jahutage külmkapis kuni 48 tundi. Lase tortidel enne serveerimist 30 minutit toatemperatuuril seista.
l) Määri hapukoorega ja kaunista vastavalt juhistele.

88. Kolmekordne seenetort

KOOSTISOSAD:
- 1 Küpsetamata jahutatud pirukas Koorik
- 1 tass hakitud värskeid shiitake seeni
- 1 tass viilutatud värskeid valgeid või pruune seeni
- 1 tass hakitud värskeid austrite seeni
- ¼ tl Kuivatatud majoraani
- 2 spl Võid
- ¾ tassi riivitud Gruyere juustu
- ¾ tassi hakitud Šveitsi juustu
- ½ tassi hakitud Kanada peekonit
- 2 muna, kergelt lahtiklopitud
- ½ tassi piima
- 1 spl hakitud värsket murulauku
- Kanada peekon, õhukeseks lõigatud
- Kiilud, valikuline

JUHISED:
a) Suru kondiitritooted 9-tollisse eemaldatava põhjaga koogipannile. Lööb; lõika pealt ühtlaselt. Vooderda kahekordse fooliumikihiga; küpseta 450 F. 8 minutit.
b) Eemaldage foolium ja jätkake küpsetamist 4-5 minutit, kuni see on hangunud ja kuivanud.
c) Lülitage ahi 375 F-ni.
d) Küpseta seeni võis pehmeks, 4–5 minutit, kuni vedelik on aurustunud.
e) Eemaldage kuumusest.
f) Sega Gruyere, Šveitsi juustud ja Kanada peekon.
g) Lisa seened, piim, munad ja murulauk. Vala hapukoore sisse.
h) Küpseta umbes 20 minutit, kuni see on hangunud ja kuldne.
i) Jahuta pannil restil 10-15 minutit. Eemalda.
j) Lõika viiludeks ja kaunista Kanada peekoniviiludega.

89. Petersell ja Šveitsi flan

KOOSTISOSAD:
- 1 9-tolline hapukoor
- 1 tass rasket koort
- ½ tassi täispiima
- ¾ tassi riivitud Šveitsi juustu
- 4 suurt muna
- ¼ tassi hakitud värsket peterselli

JUHISED:

a) Kuumuta ahi temperatuurini 350 ° F. Vahusta suures segamiskausis koor, piim, riivitud Šveitsi juust, munad ja hakitud värske petersell.

b) Vala segu ettevalmistatud hapukoorele ja küpseta 40-45 minutit või kuni keskosa on tahenenud.

c) Lase enne serveerimist täielikult jahtuda.

90. Vorst & Jack Pie

KOOSTISOSAD:
- 2 8-untsi tuubi jahutatud poolkuu rullides
- 2 8 untsi pakki pruuni ja serveeri hommikusöögivorstilinke, pruunistatud ja viilutatud
- 4 c. riivitud Monterey Jacki või Colby Jacki juust
- 8 muna, lahtiklopitud
- 1-½ c. piim
- 2 T. sibul, hakitud
- 2 T. rohelist pipart, hakitud
- ½ t. soola
- ¼ t. pipar
- ¼ t. kuivatatud pune

JUHISED:
a) Eraldage iga poolkuu rullide purk 2 suureks ristkülikuks. Asetage ristkülikud kõrvuti määrimata 13"x9" küpsetuspannile, et moodustada koorik, mis katab panni põhja ja pooled ülespoole.
b) Perforatsioonide tihendamiseks vajutage.
c) Asetage vorstid kooriku peale; puista juustuga. Sega ülejäänud koostisosad ja vala juustu peale.
d) Küpseta kaaneta 400 kraadi juures 20–25 minutit.

91. Mehhiko Capirotada

KOOSTISOSAD:
- 4 tassi keeva vett
- 2 tassi pruuni suhkrut
- 1 terve nelk
- 1 Pulk kaneeli
- ¼ tassi võid
- 1 päts rosinaleiba, kuubikuteks lõigatud
- 1 tass rosinaid
- 1 tass hakitud kreeka pähkleid
- ¼ naela hakitud Monterey jacki juustu
- ¼ naela riivitud Colby juustu

JUHISED:
a) Ühele liitrile keevale veele lisage pruun suhkur, nelk, kaneel ja või.
b) Hauta, kuni moodustub kerge siirup, seejärel eemalda nelk ja kaneel.
c) Lõika 1 päts rosinaleiba kuubikuteks ja kuivata 250F ahjus kuni koorikuni.
d) Loputage 1 tass rosinaid kuumas vees, seejärel nõrutage. Laota võiga määritud suurde ahjuvormi pidevalt kihiti saiakuubikuid, rosinaid, kreeka pähkleid, Monterey Jacki juustu ja longhorn juustu (cheddar-jack), kuni kõik koostisosad on kasutatud.
e) Tõsta kuum siirup ühtlaselt leivasegule. Küpseta eelkuumutatud ahjus 350 F juures 30 minutit. Serveeri kuumalt või külmalt.

JOOGID JA KOKTEILID

92. Juustuga vodka Martini

KOOSTISOSAD:
- 2 untsi juustuga infundeeritud viina
- ½ untsi kuiva vermutit
- Kaunistuseks 1 sidruni keerd

JUHISED:

a) Juustuga viina valmistamiseks segage suletavas purgis 1 tass riivitud Ameerika juustu ja 1 pudel viina.
b) Laske segul 3-4 päeva tõmmata, aeg-ajalt loksutades.
c) Kurna segu läbi peene võrguga sõela, et eemaldada juustuosakesed.
d) Segage jääga täidetud šeikeris juustuga infundeeritud viin ja kuiv vermut. Loksuta korralikult ja kurna jahutatud martiniklaasi.
e) Kaunista sidrunikeeruga ja serveeri.

93. Grillitud juust Bloody Mary

KOOSTISOSAD:
- 2 untsi viina
- 4 untsi tomatimahla
- 1 tl Worcestershire'i kastet
- 1 tl kuuma kastet
- 1 tl valmistatud mädarõigast
- ½ untsi sidrunimahla
- Kaunistuseks grillitud juustuvõileib

JUHISED:
a) Segage jääga täidetud šeikeris viin, tomatimahl, Worcestershire'i kaste, kuum kaste, valmis mädarõigas ja sidrunimahl. Raputa korralikult.
b) Kurna segu jääga täidetud klaasi.
c) Kaunista väikese grilljuustuvõileivaga ja serveeri.

94. Sinihallitusjuust ja peekon Bloody Mary

KOOSTISOSAD:
- 2 untsi viina
- 4 untsi tomatimahla
- 1 tl Worcestershire'i kastet
- 1 tl kuuma kastet
- 1 tl valmistatud mädarõigast
- ½ untsi sidrunimahla
- Kaunistuseks sinihallitusjuustutäidisega oliivid ja peekon

JUHISED:

a) Segage jääga täidetud šeikeris viin, tomatimahl, Worcestershire'i kaste, kuum kaste, valmis mädarõigas ja sidrunimahl. Raputa korralikult.

b) Kurna segu jääga täidetud klaasi.

c) Kaunista sinihallitusjuustutäidisega oliivide ja peekoniribaga.

95. Juustune kuum šokolaad

KOOSTISOSAD:
- 2 tassi piima
- ½ tassi rasket koort
- 1 tass riivitud Ameerika juustu
- 2 spl kakaopulbrit
- 2 spl suhkrut
- 1 tl vaniljeekstrakti

JUHISED:

a) Kuumuta potis piim ja koor keskmisel kuumusel.

b) Lisage riivitud Ameerika juust ja segage, kuni see on sulanud ja ühendatud.

c) Lisage kakaopulber, suhkur ja vaniljeekstrakt ning segage, kuni see on hästi segunenud.

d) Serveeri kuumalt.

96. Kreemjas Ameerika juustu smuuti

KOOSTISOSAD:
- 1 tass piima
- ½ tassi tavalist kreeka jogurtit
- 1 banaan
- ¼ tassi riivitud Ameerika juustu
- 1 tl mett

JUHISED:
a) Sega segistis piim, kreeka jogurt, banaan, riivitud Ameerika juust ja mesi.
b) Blenderda ühtlaseks ja kreemjaks.
c) Serveeri kõrges klaasis ja naudi.

97. Õuna- ja Cheddari juustu Martini

KOOSTISOSAD:
- 2 untsi õunasiidrit
- 2 untsi viina
- 1 unts sidrunimahla
- 1 unts mesisiirup (mee ja vee suhe 1:1)
- 1 unts riivitud Cheddari juustu
- Kaunistuseks õunaviil

JUHISED:

a) Segage jääga täidetud šeikeris õunasiider, viin, sidrunimahl, meesiirup ja riivitud Cheddari juust.
b) Raputa korralikult.
c) Kurna segu jahutatud martiniklaasi.
d) Kaunista õunaviiluga ja serveeri.

98. Juustune greibi Margarita

KOOSTISOSAD:
- 2 untsi tequilat
- 1 unts greibimahla
- ½ untsi laimimahla
- ½ untsi mee siirupit (mee ja vee suhe 1:1)
- 1 unts riivitud Ameerika juustu
- Kaunistuseks greibiviil

JUHISED:
a) Segage jääga täidetud šeikeris tequila, greibimahl, laimimahl, meesiirup ja riivitud Ameerika juust. Raputa korralikult.
b) Kurna segu jääga täidetud klaasi.
c) Kaunista greibiviiluga ja serveeri.

99. Cheesy Hot Toddy

KOOSTISOSAD:
- 1 tass kuuma vett
- ½ untsi sidrunimahla
- 1 spl mett
- 1 kaneelipulk
- 1 unts riivitud Ameerika juustu

JUHISED:

a) Kruusis segage kuum vesi, sidrunimahl, mesi ja kaneelipulk. Sega segamiseks.

b) Lisage riivitud Ameerika juust ja segage, kuni see on sulanud ja ühendatud.

c) Eemalda kaneelipulk ja serveeri.

100. Sinihallitusjuustu viski Fizz

KOOSTISOSAD:
- 60 ml viskit
- 30 ml agaavisiirupit (või tavalist suhkrusiirupit)
- 30 ml sinihallitusjuustukreemi
- 30 ml värsket sidrunimahla
- 5 tilka apelsiniõievett
- 1 munavalge
- Soda tippu

JUHISED:
a) Sega kõik koostisosad peale sooda šeikeris kokku.
b) Kuivalt loksutada 2 minutit. Lisage jää ja loksutage 30 sekundit.
c) Kurna klaasi ja lase umbes 30 sekundit seista.
d) Vala peale soodavesi (jäik vaht kerkib peale)

KOKKUVÕTE

Loodame, et teile meeldis "Sulatuspott: Ameerika juustu ülim kokaraamat" ja see on inspireerinud teid avastama Ameerika juustu maitsvat maailma. Olenemata sellest, kas olete proovinud kõiki selle raamatu retsepte või vaid mõnda, oleme kindlad, et olete avastanud mõned uued ja põnevad viisid juustu kasutamiseks toiduvalmistamisel.

Pidage meeles, et juust on mitmekülgne koostisosa, mida saab kasutada mitmesugustes roogades hommikusöögist magustoiduni. Ja kuna saadaval on nii palju erinevaid Ameerika juustutüüpe, on võimalused lõputud. Nii et jätkake katsetamist ja nautige köögis!

Täname teid selle raamatu valimise eest ja loodame, et see on aidanud teil avastada Ameerika juustuga toiduvalmistamise rõõme. Head kokkamist!